Sei Deine eigene Bank - Blockchain - Bitcoin
"Bankgeschäfte sind notwendig, Banken sind es nicht".

Blockchain - Bitcoin. Warum interessieren sich so viele dafür? Die Blockchain macht Informationen zum Gemeingut

Initial Coin Offering - Internet of Things.
Es ist wie mit dem Internet: Was damit möglich sei, konnte man zu Beginn nicht absehen

BoD
BOOKS on DEMAND

Die Deutsche Bank will Start-ups dazu bringen, mit ihr zu kooperieren. Nur, warum sollten die das tun? "Es gibt bald mehr Banken, die Start-ups suchen als umgekehrt". Als einer der profiliertesten Fintech-Investoren gilt etwa Spaniens Großbank BBVA. Immer wieder genannt werden auch die britischen Bankkonzerne HSBC und Barclays.

Heinz Duthel

"Be your own bank"

"Bankgeschäfte sind notwendig, Banken sind es nicht".

Blockchain - Bitcoin.

Warum interessieren sich so viele dafür?

Bibliografische Information der Deutschen Nationalbibliothek:
Die Deutsche Nationalbibliothek verzeichnet diese Publikation in der Deutschen Nationalbiblio-
grafie; detaillierte bibliografische Daten sind im
Internet über http://dnb.dnb.de abrufbar.

Illustration: Schriftsteller.club

Herstellung und Verlag: BoD – Books on Demand,
Norderstedt
ISBN: 9783744886451

9 783744 886451

Be your own bank
Initial Coin Offering
Blockchain
Bitcoin
BBVA
Santander Bank
Deutsche Bank
Bill Gates
Internet
Goldman Sachs
Banken
Smartphone
Bitcoins
KPMG
Commerzbank
Credit Suisse
Fintech
HSBC
Barclays
Investment Banking
Asset and Wealth Management
Financial/Enterprise Infrastructure
Capital Markets Infrastruktur (Exchange / Trading / Marketplaces)
Financing and Lending
Payment Services & Wallets
Identity Management
Compliance / Regulatory / Security
Digital Currency (Exchange, Trading and Mining)

Trade Finance & Internet of Things (IoT)
Intellectual Property & Content Management
Blockchain Apps & Smart Contracts

B"e your own bank" "Bankgeschäfte sind notwendig, Banken sind es nicht".

Blockchain - Bitcoin. Warum interessieren sich so viele dafür? Die Blockchain macht Informationen zum Gemeingut

Initial Coin Offering - Internet of Things. Es ist wie mit dem Internet: Was damit möglich sei, konnte man zu Beginn nicht absehen

Die Blockchain-Technologie könnte Banken überflüssig machen. Doch das wollen die sich nicht gefallen lassen. Nicht nur, weil Wagniskapitalgeber dort derzeit viel investieren, mittlerweile gibt es weltweit sogar mehr als 700 Start-ups, die an Lösungen für die Blockchain-Technologie arbeiten. Die Deutsche Bank will Start-ups dazu bringen, mit ihr zu kooperieren. Nur, warum sollten die das tun? "Es gibt bald mehr Banken, die Start-ups suchen als umgekehrt". Als einer der profiliertesten Fintech-Investoren gilt etwa Spaniens Großbank BBVA. Immer wieder genannt werden auch die britischen Bankkonzerne HSBC und Barclays.

Be your own bank
Initial Coin Offering
Blockchain
Bitcoin
BBVA
Santander Bank
Deutsche Bank
Bill Gates
Internet
Goldman Sachs
Banken
Smartphone
Bitcoins
KPMG
Commerzbank
Credit Suisse
Fintech
HSBC
Barclays
Investment Banking
Asset and Wealth Management
Financial/Enterprise Infrastructure
Capital Markets Infrastruktur (Exchange / Trading / Marketplaces)
Financing and Lending
Payment Services & Wallets
Identity Management
Compliance / Regulatory / Security

Digital Currency (Exchange, Trading and Mining)

Trade Finance & Internet of Things (IoT)

Intellectual Property & Content Management

Blockchain Apps & Smart Contracts

Die Blockchain ist eine dezentrale Datenstruktur und die Grundlage vieler digitaler Währungen. Um diese Dezentralität stärker zu betonen spricht man, gerade im Finanzsektor, oft auch von der "Distributed Ledger Technology". Diese Technologie wird durch ihre Dezentralität, Unveränderlichkeit und Transparenz ausgezeichnet.

„Damit entsteht so etwas wie eine transparente Datenbank aller jemals getätigten Transaktionen – die nur mit immensem Aufwand zu manipulieren wäre. Gespeichert werden dabei nur die ‚Kontoauszüge' – die Realnamen der Besitzer lassen sich mit einem Blick auf die Blockchain nicht zuordnen."

"Be your own bank" – heißt eine Floskel der Bitcoin- und Blockchain-Szene. Aber warum sollte man seine eigene Bank sein wollen? Für viele politische Idealisten ist ein Problem beim aktuellen Bankensystem, dass die Kontrolle über das Geld – und damit über einen beträchtlichen Teil des Eigentums – in den Händen mächtiger Organisationen liegt.

Das Problem ist nicht, dass diese zentralisierten Strukturen "böse" sind. Die Frage, die sich jedoch stellt, ist, ob ein derart zentralisiertes System auf Dauer sicher und vertrauenswürdig ist. Kann ein zentralisiertes System garantieren, dass an den Hauptbüchern nichts geändert wird? Wie sichert es sich gegen einen Unfall (z.B. Cyberangriff) ab? Wie kann es gewährleisten, dass nur autorisierte Personen Zugriff auf sensible Daten bekommen?

Solche Gefahren und Unklarheiten könnten mit einer dezentralen Lösung reduziert, wenn nicht gar beseitigt werden.

Blockchain für Einsteiger

Die Blockchain ist das Rückgrat von Bitcoin und den meisten anderen digitalen Währungen. Sie ist letztlich ein offen einsehbares Hauptbuch von allen Transaktionen. Dieses Hauptbuch ist nicht zentral abgelegt, sondern auf vielen verschiedenen Computern gespeichert, den so genannten Nodes, und aktualisiert. Die dezentrale Ablage und ein Prozess namens Mining (muss nicht bei jeder Blockchain vorkommen) sorgen dafür, dass eine Blockchain von keiner zentralen Autorität verwaltet werden muss.

Bildlich kann man sich die Blockchain als eine Kette von Blöcken vorstellen, in denen jeweils Transaktionsdaten miteinander verknüpft werden. Die Transaktionen werden zu Blöcken zusammengefasst, auf Gültigkeit überprüft und in einem Prozess namens Proof of Work an die bisherige Kette von Blöcken angefügt.

Der Proof-of-Work-Ansatz ist sehr energieaufwendig, sodass die Strom- und Hardwarekosten einen Betrugsversuch, neben anderen Aspekten, sinnlos machen würden. Bei dem Proof-of-Work-Ansatz müssen Rechenaufgaben gelöst werden, die nur durch häufiges Ausprobieren gelöst werden können, was sicherstellt, dass ausreichend Arbeit in die Berechnung und Absicherung der Transaktionen investiert wird.

Es gibt auch noch andere Verfahren, wie z.B. der Proof-of-Stake-Ansatz, wo nicht die Rechenkapazitäten ausschlaggebend sind, sondern die Anteile (Tokens bzw. Coins) an der jeweiligen Kryptowährung.

Inzwischen existieren Anwendungsmöglichkeiten für die Blockchain, die weit über die Funktion eines Finanztransaktionsbuches hinausgehen. Es lassen sich z.B. so genannte Smart Contracts (Verträge, die in Programmcode eingebettet sind) auf einer Blockchain ablegen, mit denen verschiedenste Verwaltungs- und Prozessanwendungen abgewickelt werden können. Dabei ist die Ausführung dieser Smart Contracts in Echtzeit verfolgbar – als logische Weiterentwicklung des Open Source-Gedankens wird mit der Block-chain eine Open Execution möglich.

Beispielsweise können auf diese Art und Weise sensible Daten (z.B. Gesundheitsdaten) oder Eigentumsverhältnisse (z.B. Grundbesitz) über eine Blockchain organisiert und gesteuert werden. Entsprechend interessiert forschen viele Staaten und Unternehmen an dieser Technologie. Hauptbeweggründe sind die Aspekte Sicherheit, Transparenz und Effizienzsteigerung. Die Möglichkeit Prozesse über eine sichere Infrastruktur zu automatisieren und dabei die Gefahr einer Datenmanipulation zu unterbinden ist für viele Institutionen und Unternehmen sehr reizvoll. Schließlich kann jeder jemals getätigte Eintrag in einem Blockchain-Verzeichnis für immer nachvollzogen und nicht gelöscht oder verändert werden.

Dabei muss immer berücksichtigt werden, dass es nicht die "eine Blockchain" gibt. Eine Blockchain kann sehr unterschiedlich ausgestaltet sein. Eine Blockchain, die in der Verwaltung einer Behörde eingesetzt wird, ist anders konzipiert als beispielsweise die bekannteste Blockchain, die Bitcoin-Blockchain, an der sich meistens orientiert wird.

Woher kommt die Blockchain?

Die Geschichte der Blockchain ist stark mit der Geschichte von Bitcoin verbunden. Im Jahr 2008 veröffentlichte jemand unter dem Pseudonym Satoshi Nakamoto das White Paper Bitcoin: a Peer to Peer eletronic cash system, in dem eine Konzeption für ein dezentral organisiertes Geldsystem vorgestellt wurde. Mithilfe einer dezentralen Verwaltung der Transaktionen brauchte das Vertrauen nicht in eine zentrale Instanz (im konkreten Beispiel einer Bank und Zentralbank) gelegt werden.

Letztlich lässt sich in der Blockchain eine Idee sehen, die in einer Reihe mit dem Internet und BitTorrent steht. Beide Ideen sind ihrem Wesen nach dezentral organisiert; prinzipiell werden keine zentralen Server benötigt.

Was macht die Blockchain aus?

Dezentralität und Kryptographie

Wie schon dargestellt ist ein Kernaspekt der Blockchain die Dezentralität. Diese kann zwar unterschiedlich stark ausgeprägt sein, aber alle Applikationen haben eine Sache gemeinsam: Die Blockchain liegt nicht auf einem einzigen Computer. Zudem werden kryptographische Verfahren

eingesetzt, die ein hohes Maß an Sicherheit gewährleisten.

Das direkte Versenden von Werten

Das Internet ermöglicht zwar die Versendung
von Informationen, nicht aber von Werten. Genau hier kommt die Blockchain ins Spiel, da sie
eine ausreichend sichere Infrastruktur bietet, um
Vermögenswerte oder sensible Daten zu versenden, ohne auf einen Mittelsmann angewiesen zu
sein, sprich Peer-to-Peer.

Unveränderlichkeit

Beiträge, die einmal in der Blockchain abgelegt sind, können extrem schwer aus derselben
wieder entfernt werden. Dazu müssten alle Nodes, auf denen die Blockchain gespeichert ist,
gemeinsam eine Manipulation derselben be-
schließen. Da letztlich jeder Interessierte eine
Node errichten kann, ist diese Möglichkeit fast
ausgeschlossen.

Transparenz

In Abhängigkeit des Levels an Dezentralität ist
ein auf einer Blockchain basierendes System sehr
transparent. Bei fast allen digitalen Währungen

kann man die Transaktionen verfolgen, man kann sehen, wer welche Blöcke über das Proof-of-Work-System an die Blockchain anfügen könnte. Das Gleiche gilt natürlich auch für andere Daten, die auf einer öffentlich einsehbaren Blockchain abgelegt sind.

Konsens-Mechanismus

Entscheidungen werden, wie bereits oben schon erwähnt, nicht von einer zentralen Instanz getroffen, sondern vom gesamten Netzwerk (je nach Governance-Konzept). Diese Organisationsform kann aus demokratietheoretischer Sicht respektive zur Entscheidungsfindung sehr interessant sein. Dadurch können beispielsweise partizipatorische Defizite und hierarchische Organisationsformen überwunden werden.

Nicht alle Eigenschaften müssen, wie hier erläutert, zutreffen. Vor allem private Blockchains, die gewissen Restriktionen unterliegen, können von den hier getroffenen Annahmen abweichen.

Warum interessieren sich so viele dafür?

Der Gedanke der Dezentralität ist nicht nur für politische Idealisten, die von einem Leben ohne Banken und Behörden träumen, interessant. Mithilfe der Blockchain lassen sich verschiedene Anwendungen realisieren, die in zentralen Lösungen schwierig bis unmöglich zu implementieren wären. Hier seien drei Beispiele genannt.

Der Internet of Things-Sektor zeigt reges Interesse, da hier viele verschiedene Devices als gleichwertige Partner in einem Netzwerk interagieren sollen. Die Blockchain ermöglicht es, diese gleichwertigen Partner ohne Notwendigkeit eines zentralen Servers zu vernetzen.

Im Finanzsektor arbeiten viele Banken an der Blockchain, da auch Banken und Payment-Provider zur Absicherung der Transaktionen auf partiell dezentrale Systeme setzen.

Über die Smart Contracts sind so genannte Dezentrale Autonome Organisationen möglich, d.h. Organisationen, deren zentrale Verwaltung von automatischen Prozessen geregelt wird. Im Zusammenhang mit dem Internet of Things lässt sich über die Smart Contracts eine intermaschinelle Kommunikation realisieren.

An diesen drei Beispielen erkennt man: Mithilfe der Blockchain werden viele alte Geschäfts- und Organisationsmodelle herausgefordert. Deshalb sind wir davon überzeugt, dass die Block-chain die Zukunft stark prägen wird!

"Die Blockchain Bibel – DNA einer revolutio-nären Technologie"

Da das Thema Blockchain sehr umfangreich ist, konnten wir dir hier lediglich nur einen klei-nen Eindruck vermitteln, worum es grob geht. Um aber die gesamte Dimension der Blockchain-Technolgie ausreichend zu verstehen und für sich und sein Leben zu interpretieren, empfehlen wir eine intensivere Auseinandersetzung mit der Thematik.

Dich verwirren so manch englischsprachige Ausdrücke, die hier oftmals auf BTC-ECHO ge-nutzt werden? Keine Sorge, dafür haben wir dir ein Bitcoin-Glossar mit den wichtigsten Fachbe-griffen zusammengestellt:

Nachfolgend erklären ich alle Fachbegriffe in nur wenigen Sätzen:

51%-Attack

Die 51%-Attacke beschreibt einen Zustand, in dem 51% der Rechenleistung für das Minen von digitalen Währungen aus einem einzigen Mining-Pool stammt. Mit einem 51%-Anteil bekommt dieser Pool theoretisch die Kontrolle über die digitale Währung und könnte folgende Aktionen vornehmen:

Behinderung einer Transaktionsbestätigung
Coins mehrfach ausgeben
Andere Miner daran hindern gültige Blocks zu minen

Address

Eine Bitcoin-Adresse benötigt man, um im Bitcoin-Netzwerk Bitcoins empfangen und senden zu können. Sie besteht aus einer Aneinanderkettung von Buchstaben und Zahlen und wird oftmals auch zusätzlich in einem scannbaren QR-Code dargestellt.

Altcoin

Altcoins sind digitale Währungen, die neben Bitcoin entstanden sind. Litecoin, Dogecoin, Feathercoin, Namecoin und PPcoin sind nur eine kleine Auswahl von Beispielen.

ASIC

Ein Application-Specific-Integrated-Circuit (ASIC) ist ein spezieller Silicon-Chip, der nur dafür hergestellt wurde, eine einzige Aufgabe zu erledigen. Im Fall von Bitcoin wurde er entwickelt um SHA-256 Hashing-Probleme (Rechenaufgaben) zu lösen und neue Bitcoins zu minen.

ASIC Miner

ASIC-Miner nennt man spezielle Geräte mit einem ASIC-Chip, die dafür hergestellt wurden neue Bitcoins zu minen. ASIC-Miner gibt es im USB-Stick Format, auf Mainboards verbaut oder aber als alleinstehendes Gerät mit bereits vorinstallierter Software, die nur noch an das Internet angeschlossen werden müssen.

Bitcoin Investment Trust

Der Bitcoin Investment Trust investiert ausschließlich in Bitcoin und verwendet dabei ein State of the Art Protokoll, das die Bitcoins im Namen der Investoren sicher vor jeglichen Zugriffen aufbewahrt. Mit einem Bitcoin Investment Trust haben die Nutzer die Möglichkeit in Bitcoin zu investieren, ohne sich Gedanken über die sichere Verwahrung der Coins machen zu müssen.

Bitcoin Price Index (BPI)

Der Bitcoin Preis Index (BPI) spiegelt den Durchschnittspreis der bekanntesten Bitcoin-Börsen wieder.

Bitcoin-Whitepaper

Das Bitcoin-Whitepaper wurde von Satoshi Nakamoto geschrieben und 2008 an Cryptography Mailing Liste gesendet. Das White Paper beschreibt das gesamte Bitcoin-Protokoll im Detail.

Blockchain

Die Blockchain ist ein digitales Transaktionsbuch innerhalb eines Rechnernetzwerkes, auf dem jede Veränderung erfasst wird. Dieses Transaktionsbuch wird dezentral auf mehrere Rechner verteilt und gespeichert, dabei bedarf es keiner zentralen Steuerungsinstanz, wie beispielsweise einer Bank oder Behörde. Dadurch, und durch den Zusatz kryptographischer Verschlüsselung, wird eine Manipulation enorm erschwert.

Block Reward

Die Block Reward (Belohnung) bekommt jeder Miner, der erfolgreich einen neuen Transaktionsblock gehashed hat. Das Bitcoin-Netzwerk vergibt derzeit 12,5 Bitcoin für jeden erfolgreich gelösten Block. Die Anzahl der Bitcoins halbiert sich jedes Mal, wenn eine bestimmte Anzahl von Coins geschürft wurde. Bei Bitcoin liegt diese Schwelle bei allen 210.000 Blocks.

BTC

BTC ist eine Abkürzung bzw. das Börsenkürzel für Bitcoin.

Client

Der Client ist eine Software, die auf einem Computer, Laptop oder einem mobilen Endgerät installiert werden kann. Der Client verbindet sich mit dem Bitcoin-Netzwerk und über ihn kann der User z.B. Bitcoin-Transaktionen abwickeln. Der Client kann auch ein Bitcoin-Wallet beinhalten.

Confirmation

Die Confirmation (Bestätigung) ist der Schritt, in dem eine Bitcoin-Transaktion erfolgreich in einen Transaktionsblock eingetragen und die Gültigkeit verewigt wird. Eine Bestätigung dauert in etwa 10 Minuten. Größere Transaktionen benötigen mehr Bestätigungen. Auch kann es von den jeweiligen Börsen abhängen, wie viele Bestätigungen benötigt werden. Je mehr Bestätigungen desto sicherer die Transaktion.

CPU

CPU bedeutet Central Processing Unit und ist sozusagen das Gehirn eines jeden Computers. „Früher" wurden CPUs auch für das Bitcoin-Mining genutzt, aber sie sind bei weitem nicht mehr stark genug. Manchmal werden sie jedoch noch für das Minen von weniger rechenintensiven Altcoins genutzt.

Cryptocurrency

Eine Cryptocurrency (Kryptowährung) ist eine Währung, die nur auf Mathematik / Algorithmen basiert. Anders als Fiat-Währungen, die gedruckt sind, werden digitale Währung durch das Lösen von mathematischen Formeln, basierend auf Kryptographie, erschaffen.

Cryptography

Cryptography (Kryptografie) nutzt die Mathematik, um bestimmte Informationen zu verschlüsseln.

DDoS

Eine Distributet Denial of Service Attacke (DDoS) benötigt eine große Anzahl von Computern, die unter die Kontrolle eines Angreifers gebracht wurden, um ein zentrales Ziel zu attackieren. Dabei werden kleine Datenpakete an das Ziel gesendet, um somit die Ressourcen (Bandbreite) des Ziels komplett zu überlasten. Während einer DDoS-Attacke kann der Server keine Daten mehr an seine Nutzer senden. In der Vergangenheit waren bereits einige Bitcoin-Börsen Ziel einer solchen DDoS-Attacke.

Difficulty

Die Difficulty (Schwierigkeit) zeigt, wie schwer es ist einen neuen Block zu hashen. Die Schwierigkeit hängt mit der maximal erlaubten Anzahl Hashes eines Transaktionsblock zusammen. Je niedriger die Anzahl desto schwieriger ist es einen passenden Hash zu erzeugen. Die Schwierigkeit variiert basierend auf der Rechenleistung der Miner im Bitcoin-Netzwerk. Wenn eine große Anzahl von Minern das Netzwerk verlassen würde, würde die Schwierigkeit sinken. Da Bitcoin jedoch zunehmend mehr an Popularität gewinnt, gibt es auch zunehmend mehr Miner und somit steigt die Schwierigkeit.

Distributed Ledger Technology (DLT)

Die Distributed Ledger Technology (DLT) ist der Oberbegriff für dezentrale digitale Kontenbücher. Entsprechend ist die Blockchain ein Teil der DLT bzw. kann als eine eigene, besonders komplexe Kategorie im Spektrum der DLT-Anwendungen gesehen werden. Die DLT gibt es folglich schon länger als die Bitcoin-Blockchain. Wie man der Übersetzung ins Deutsche entnehmen kann, handelt es sich hierbei um "verstreute Transaktionsbücher", sodass auch hier das technologische Konzept der Dezentralität, wie bei der Blockchain, umgesetzt wird.

Double Spending

Double Spending (Doppelte Ausgabe) bedeutet, dass ein Bitcoin zweimal ausgegeben wurde.

Das passiert, wenn jemand eine Bitcoin-Transaktion tätigt und gleichzeitig den gleichen Bitcoin noch einmal kauft. Danach muss das Netzwerk davon überzeugt werden nur eine Transaktion zu bestätigen, indem sie in einem Block gehasht wird. Double Spending ist aufgrund des intelligenten Bitcoin-Netzwerks nicht einfach und sehr riskant für diejenigen, die eine Transaktion ohne Bestätigung (Zero-Confirmation) akzeptieren.

ECDSA

Der Elliptic Curve Digital Signature Algorithmus ist ein leichter kryptographischer Algorithmus, der zur Signierung im Bitcoin-Protokoll genutzt wird.

Exchange

Unter einer Exchange (Börse) versteht man eine zentrale Stelle, an der verschiedene Arten von Währungen und Güter gehandelt werden. An Bitcoin-Börsen werden digitale Währungen untereinander bzw. in Fiat-Währungen gehandelt.

Faucet

Unter Faucet versteht man das Minen von digitalen Währungen bevor sie offiziell ausgegeben werden. Oftmals werden die vorgeschürften Währungen verschenkt um das Interesse in der Masse zu steigern. Der Faucet-Ansatz wurde erstmals bei den Altcoins verwendet.

Fiat Currency

Fiat Currencies (Fiat-Währungen) sind von Staaten bzw. Notenbanken ausgegebene Währungen(z.B. Euro, US-Dollar etc.).

Fork

Unter einer Fork (Abspaltung) versteht man in der Informatik einen Entwicklungszweig nach Aufteilung eines Projekts in mehrere Folgeprojekte. Eine harte Fork (Hard Fork) beim Bitcoin meint eine Spaltung der Blockchain nach einer Änderung des Protokolls. Eine harte Fork ist eine schwierige Operation, die bedingt, dass jede Software aktualisiert werden muss, um die Blöcke nach den Regeln des neuen Protokolls zu erkennen. Am 11. März 2013 kam es zur bisher letzten Hard Fork, als der Bitcoin-Client von Version 0.7 auf 0.8 upgedatet wurde und es dabei zu einer fehlerhaften Verarbeitung von Blöcken kam. Obwohl es sich um eine heikle Situation handelte, konnte jeder Schaden verhindert werden.

Genesis Block

Der Genesis Block war der erste Block in der Blockchain.

Gigahashes/sec

Unter Gigahash versteht man die mögliche Anzahl Hashes pro Sekunde, gemessen in Milliarden Hashes (tausend Megahashes).

GPU

GPU bedeutet Graphical Processing Unit. Ein GPU ist ein Silizium Chip, der für komplexe mathematische Berechnungen von Millionen von Polygonen in Computerspielen entwickelt wurde. Sie eignen sich aber auch hervorragend für kryptografische Berechnungen (Mining) von digitalen Währungen.

Hash

Unter Hash versteht man den mathematischen Prozess in dem aus einer variablen Anzahl von Daten ein wesentlich kürzeres Ergebnis errechnet wird. Eine Hashing-Funktion hat zwei besondere Merkmale. Erstens ist es mathematisch sehr schwer nachzuvollziehen wie der ursprüngliche Datensatz ausgesehen hat und zweitens würde die Änderungen eines einzigen Bestandteils das gesamte Ergebnis verändern.

Hash Rate

Unter Hash Rate versteht man die Anzahl Hashes, die von einem Bitcoin-Miner in einer bestimmten Zeit produziert werden können (normalerweise wird die Hashrate in Sekunden angegeben).

Ledger

Der Begriff Ledger kann mit "Kontenbuch" oder "Transaktionsverzeichnis" übersetzt werden. Das Ledger enthält Informationen, die über Finanztransaktionen hinausgehen können. Oft wird der Begriff Ledger mit dem Begriff Distributed kombiniert, was soviel wie verstreute Kontenbücher, ähnlich der Blockchain, bedeutet.

Mining

Mining ist ein Prozess, bei dem Rechenenleistung zur Transaktionsverarbeitung, Absicherung und Synchronisierung aller Nutzer im Netzwerk zur Verfügung gestellt wird. Das Mining ist eine Art dezentrales Rechenzentrum mit Minern aus allen möglichen Ländern. Keine Einzelperson hat Kontrolle über das Netzwerk. Dieser Prozess wird analog zum Goldschürfen "Mining" genannt. Anders als beim Goldschürfen gibt es bspw. beim Bitcoin-Mining eine Belohnung für die erfolgreiche Transaktionsverarbeitung. Die Auszahlung der jeweiligen Bitcoin-Anteile richtet sich nach der zur Verfügung gestellten Rechenkapazität.

Der Mining-Prozess — insbesondere bei Bitcoin, wo das Proof-of-Work Verfahren zum Einsatz kommt — ist inzwischen so energieaufwendig, dass das Mining oftmals nur noch in Wirtschaftssonderzonen, insbesondere China, wirtschaftlich betrieben werden kann.

Multi Signature

Multi-Signature Adressen erlauben es mehreren Parteien / Nutzern mehrere Keys zur Transaktionsbestätigung zu nutzen. Bei der Einrichtung einer Adresse kann festgelegt werden, wie viele Signaturen zur Autorisierung notwendig sind.

Peer-to-Peer (P2P)

In einem Peer-to-Peer-Netzwerk sind alle Rechner gleichberechtigt und können Dienste in Anspruch nehmen, als auch zur Verfügung stellen. Der Austausch zwischen zwei Netzwerkteilnehmern findet also direkt, ohne das Zwischenschalten von Drittparteien statt.

Permissioned Ledger / Blockchain

Bei einer Permissioned Ledger (genehmigungspflichtiges Kontenbuch) bedarf es einer Autorisierung, um Zugriff auf das Transaktionsverzeichnis zu bekommen. Es gibt also einen Besitzer (können auch mehrere sein), der darüber entscheidet, wer Zugriff erhält oder nicht. Das Verzeichnis wird also nur von verifizierten Akteuren verwaltet. Im Gegensatz zu einer unpermissioned Ledger, also einer Ledger oder Blockchain, die keinerlei Zugangsbeschränkungen hat, kann der Konsens-Mechanismus entsprechend einfach gehalten werden und bedarf keinem aufwendigem Mining, wie bei Bitcoin, was wiederum die Transaktionsgeschwindigkeit erhöht. Vor allem Regierungsinstitutionen und private Unterneh-

men setzen auf genehmigungspflichtige Blockchains, um die Kontrolle über ihre Daten und
Transaktionen zu behalten.

Private Key

Ein Private Key ist eine Art PIN, die notwendig
ist, um Zugriff auf sein Wallet zu bekommen. Zu
jeder neuen Adresse wird auch ein dazugehöriger
Private Key generiert. Dieser muss sehr sicher
und geheim verwahrt werden, da sonst nicht-
autorisierte Personen Zugriff auf die Coins in der
Wallet bekommen können. Konkret heißt das
aber auch: verliere ich den Private Key meiner
Bitcoin-Geldbörse, dann habe ich keine Möglichkeit mehr an meine Bitcoins heranzukommen.
Allerdings besteht die Möglichkeit sich über eine
Recovery-Phrase, im Sinne eines Backups, gegen
den Verlust des Private Keys abzusichern. Bei Verlust des Private Keys kann so die entsprechende
Phrase eingetippt werden, was zur Zurückgewin-
nung des Private Keys führt.

Proof-of-Stake

Proof-of-Stake ist ein alternatives Proof-of-
Work System. Bei Proof-of-Stake hängt die
"Macht im Blockchainnetzwerk" von den Anteilen
an Kryptowährungen ab, die man hält. Es ist also

nicht die Rechenkapazität wie bei Bitcoin, die entscheidet, wer wie viel Minien kann und Einfluss auf Netzwerkentscheidungen nimmt, sondern ähnlich wie bei Aktien, die Relation der Anteile.

Proof-of-Work

Dieser Mechanismus soll sicherstellen, dass jeder Teilnehmer, der von der Blockchain profitiert, auch genügend Arbeitsleistung in die Block-Berechnungen investiert. Die Netzwerkteilnehmer, die sich an der Bewältigung der Rechenaufgaben beteiligen, sprich die Arbeit leisten, werden Miner genannt. Diese Miner verfügen über Hardware, mit der sich die komplexen Rechenaufgaben bewältigen lassen. Die erbrachte Hashleistung zur Errechnung eines Blocks stellt die Grundvoraussetzung für das Proof-of-Work-Verfahren bei Bitcoin und vielen anderen Kryptowährungen dar.

SHA 256 (Secure Hash Algorithm 256)

Dabei handelt es sich um die kryptographische Funktion auf der das Proof-of-Work-System von Bitcoin basiert.

Smart Contracts

Damit auch komplexere Blockchain-Anwendungen durchgeführt werden können, bedarf es intelligente, in Programmcode eingebettete Verträge (Smart Contracts). Smart Contracts dienen der dezentralen, automatisierten Vertragsabwicklung, die in die Prozesse des Blockchain-Netzwerkes integriert werden kann. Es handelt sich also um automatisierte Verträge, die in der Lage sind Information zu verarbeiten (Input) und vertraglich definierte Rechtshandlungen auszuführen

Transaction Block (Transaktionsblock)

Transaktionen werden in Blöcke zusammengefasst und über Hashes miteinander verknüpft, sodass eine Blockkette (Blockchain) entsteht. Entsprechend bilden mehrere Transaktionen einen Transaktionsblock.

Transaction Fee (Transaktionsgebühr)

Damit die Miner für die Transaktionsabwicklung kompensiert werden, erhalten diese, bei erfolgreichem Berechnen eines (Transaktions-)Blocks, eine Transaktionsgebühr.

Unpermissioned Ledger / Blockchain

Eine unpermissioned (genehmigungsfreie) Ledger / Blockchain hat im Gegensatz zu einer permissioned Ledger / Blockchain keinen Besitzer – sie kann von niemanden besessen werden. Entsprechend hat jeder freien Zugriff auf die Daten des Ledger bzw. der Blockchain und kann ohne eine extra Genehmigung Daten / Transaktionen hinzufügen und Kopien vom Transaktionsverzeichnis anfertigen. Eine unpermissioned Ledger / Blockchain ist so vor Zensur geschützt, da niemand das Ausführen von Transaktionen verhindern kann.

Wie und wo funktioniert Bitcoin Mining?

Bitcoin-Mining ist ein Prozess, bei dem Rechenenleistung zur Transaktionsverarbeitung, Absicherung und Synchronisierung aller Nutzer im Netzwerk zur Verfügung gestellt wird. Das Mining ist eine Art dezentrales Bitcoin-Rechenzentrum mit Minern aus allen möglichen Ländern. Keine Einzelperson hat Kontrolle über das Netzwerk. Dieser Prozess wird analog zum Goldschürfen "Mining" genannt. Anders als beim Goldschürfen gibt es beim Bitcoin-Mining eine Belohnung für nützliche Dienste. Die Auszahlung der jeweiligen Bitcoin-Anteile richtet sich nach der zur Verfügung gestellten Rechenkapazität.

In traditionellen Fiat-Währungssystemen drucken Regierungen bzw. Zentralbanken, wenn Bedarf besteht, mehr und mehr Geld. Beim Bitcoin hingegen wird gar kein Geld gedruckt- er wird selbst oder in der Cloud (Cloudmining) "geschürft". Rund um den Globus minen (errechnen) Computer Bitcoins und konkurrieren dabei miteinander.

Wie funktioniert Bitcoin-Mining?

Menschen transferieren rund um die Uhr Bitcoins über das Bitcoin-Netzwerk. Das Bitcoin-Netzwerk macht das, indem es alle Transaktionen eines bestimmten Zeitraums sammelt und in einer Liste zusammenfügt - der sogenannte Block. Es ist des Schürfers (Miner) Job diese Transaktionen zu bestätigen und in einem "Kontenbuch" einzutragen. Entlohnt wird er dafür in Bitcoin (die Bitcoin-Transaktionsgebühr).

Einen Hash erzeugen

Das "Kontenbuch" ist ein lange Liste von allen Blocks, die auch Blockchain genannt wird.

Die Blockchain wird beim Bitcoin-Mining benutzt, um alle Transaktionen zu jedem Zeitpunkt nachvollziehen zu können. Wann auch immer ein neuer Block erzeugt wird, wird dieser zur Blockchain hinzugefügt, was in einer endlos langen Liste von allen Transaktionen resultiert. Die Blockchain ist für Jedermann ersichtlich, somit kann jeder Nutzer gerade sehen, welche Transaktion durchgeführt wird. Man weiß jedoch nicht wer diese Transaktion durchführt. Somit ist Bitcoin transparent und (pseudo-) anonym zugleich.

Wie können wir sicherstellen, dass die Blockchain intakt bleibt und nie manipuliert wird? Da kommen die "Miner" ins Spiel.

Wenn ein Block von Transaktionen generiert wurde, lassen sie die Miner einen Prozess durchlaufen. Sie entnehmen die Informationen und wenden eine mathematische Formel an, die die Transaktion umwandelt. Danach ist die Transaktion etwas viel Kürzeres, eigentlich nur einen Aneinanderreihung von Buchstaben und Zahlen, auch Hash genannt. Dieser Hash wird (im Block) am Ende der Blockchain aufbewahrt.

Hashes haben einige interessante Eigenschaften. Es ist ziemlich einfach einen Hash aus den Informationen des Bitcoin-Blocks zu erzeugen, aber nahezu unmöglich zu sehen, was es zuvor war. Da es ziemlich einfach ist einen Hash von einer großen Datensatzzahl zu erzeugen, ist jeder Hash einzigartig. Wenn auch nur ein Zeichen im Block geändert wird, verändert sich der komplette Hash.

Um einen Hash zu erzeugen, nutzen die Miner nicht nur die Daten der Transaktion im Block, sondern auch noch andere zusätzliche Daten. Ein Teil der Daten ist der Hash im letzten Block der Blockchain.

Da jeder Hash eines Blocks den Hash des vorherigen Blocks benutzt, entsteht eine Art Wachs-Siegel. Er bestätigt, dass der jetzige Block und der davor gültig ist, denn wenn er manipuliert wird, würde es jeder bemerken.

Würde jemand versuchen eine Transaktion zu manipulieren indem er den Block ändert der sich bereits in der Blockchain befindet, so müsste derjenige auch den Hash verändern. Wenn jemand die Echtheit des Blocks mit der Hashing Funktion überprüft, würde man direkt merken, dass der Hash nicht mit dem in der Blockchain übereinstimmt. Der Block würde sofort als Fälschung erkannt werden.

Da jeder Hash eines Block dazu genutzt wird auch den Hash des nächsten Blocks in der Blockchain zu generieren, würde eine Manipulation auch die folgenden Hashes manipulieren.

Der Wettkampf um die Bitcoins

So funktioniert die Suche der Miner nach Blocks im Netzwerk: Alle Miner konkurrieren miteinander indem sie alle eine spezielle Software nutzen, um neue Blocks zu finden.

Jedes mal, wenn jemand erfolgreich einen Hash erzeugt, erhalten sie derzeit noch 12,5 Bitcoins, die Blockchain bekommt ein Update und jeder erfährt davon. Das ist der Anreiz für das Mining, was das die Transaktionen aufrecht hält.

Das Problem ist, dass es sehr einfach ist aus einer Datensammlung einen Hash zu erzeugen. Computer sind darin ziemlich gut. Das Bitcoin-Netzwerk muss es also schwieriger machen, denn ansonsten würde jeder hunderte Blocks in der Sekunde hashen und alle Bitcoins wären in ein paar Stunden geschürft. Das Bitcoin-Protokoll macht es aber durch die Einführung von einem so genannten "Arbeitsnachweis" absichtlich schwieriger. Die Mining-Schwierigkeit steigt also mit der Zeit.

Das Bitcoin-Netzwerk würde nicht einfach jeden alten Hash akzeptieren. Der Block Hash muss ein bestimmtes Aussehen haben; er muss eine bestimmte Anzahl von Nullen am Anfang haben.

Es gibt keine Möglichkeit zu wissen, wie ein Hash aussieht bevor er nicht produziert ist und sobald ein Stück Datensatz hinzugefügt wird sieht er wieder komplett anders aus.

Miner sollen sich natürlich nicht in die im Block befindlichen Transaktionen einmischen, sie müssen jedoch die Daten, die sie verwenden verändern, um einen neuen Hash zu erzeugen. Das machen sie indem sie wieder ein anderes Stück Datensatz benutzen, einen Datensatz der auch "Nonce" genannt wird. Der wird zusammen mit der Transaktion verwendet, um einen Hash zu erzeugen. Wenn der Hash nicht das gewünschte Format findet, wird die None geändert und der ganze Hash ändert sich wieder. Meist sind viele Versuche nötig, um die passende None zu finden. Deshalb machen das die Miner meist zur gleichen Zeit im gleichen Netzwerk. Ist die None gefunden, so werden die Bitcoins auf alle Miner gerecht (je nach Leistung) aufgeteilt. So verdienen Miner ihre Bitcoins.

Was benötige ich zum Minen von Bitcoin?

Es gibt verschiedene Wege Bitcoins zu Minen. Zum einen kann man mit sogenannten ASIC-Minern selbst Bitcoins von zu Hause aus schürfen und zum Anderen kann man Cloud-Mining betreiben.

Cloud-Mining

Beim Cloud-Mining werden die Software und benötigten Hardware Komponenten (Miner) von einem externen Unternehmen gegen ein Entgelt in einer "Cloud" angemietet und die geschürften Bitcoins oder Altcoins (Monero, Zcash, Ether etc.) werden euch direkt auf dem Wallet gutgeschrieben.

Cloud-Mining in 3 Schritten:
Wallet einrichten (sofern noch nicht vorhanden)
Cloud-Miner mieten
Bitcoins schürfen

Bitcoins selber minen

Solltet ihr selbst und von zu Hause aus Bitcoin minen wollen benötigt ihr folgende Hardware Komponenten.

Die richtige Bitcoin Miner Hardware ist entscheidend

War es anfangs noch möglich mit dem eigenen Rechner und einer guten Grafikkarte Bitcoins zu minen, ist dies heute nur noch mit richtigen Bitcoin-Minern möglich. Diese haben spezielle ASIC-Chips verbaut, welche nur für das minen von Bitcoins geeignet sind.

Der effizienteste Bitcoin-Miner ist im Moment der AntMiner S9 von Bitmain. Den S9 musst du einfach nur via LAN-Kabel an deinen Router anschließen und kannst den Miner dann ganz einfach über deinen Webbrowser konfigurieren. Es ist kein weiteres Gerät oder weitere Software nötig, da es sich um einen Standalone-Miner handelt. Du kannst den Miner mit handelsüblichen Computer-Netzteilen betreiben, günstiger ist es aber, dir direkt ein passendes Netzteil von Bitmain dazu zu bestellen.

Ein große Auswahl an Bitcoin-Miner findest du im deutschen Online-Shop von ProTact.

Der AntMiner S9 (12,5 TH/s):

Mining-Pool

Gemeinsam sind wir stärker: Genau das ist die Devise der Mining-Pools. Denn wer alleine schürft, braucht wesentlich länger neue Blocks zu finden. Es ist nahezu aussichtslos, da die benötigte Rechenkapazität viel zu groß wäre.

Abhilfe verschaffen hier die sogenannten Mining-Pools. Hier wird die benötigte Rechenkapazität aller Nutzer gebündelt und man schürft in einer Gemeinschaft. Somit findet man viel schneller neue Blocks und die Entlohnung in Bitcoin wird entsprechend der geleisteten Rechenkapazität auf die einzelnen Nutzer aufgeteilt.

Bekannte Mining Pools sind u.a.:

Antpool (493 Ph/s)
F2Pool (400 ph/s)
Slushpool (149 Ph/s)

Nachdem ihr euch die benötigte Hardware zugelegt habt und euch bei einem seriösen Mining-Pool angemeldet habt, kann das Minen von Bitcoins beginnen.

Bitcoins minen mit dem Raspberry Pi 3

Dank des sehr niedrigen Stromverbrauchs von nur 4 Watt eignet sich insbesondere der kleine Single Board SuperComputer Raspberry Pi 3* zum Minen von Bitcoins. Anstatt mit dem systemeigenen Grafikchip Bitcoins zu minen, empfehlen wir das Koppeln von mehreren eigens für das Bitcoin-Mining entwickelten ASIC USB-Miner.

Um Bitcoin, Litecoin, Monero oder Ether wirklich sicher auf dem heimischen Computer empfangen, aufbewahren und versenden zu können, benötigt man eine Core Full Node (digitale Brieftasche). Hier könnt ihr euch die aktuelle Core Versionen (Wallets) zum Versenden und Empfangen von digitalen Währungen herunterladen.

Lade dir dein persönliches Wallet für Bitcoin, Litecoin, Monero oder Ethereum herunter und verwalte deine digitalen Währungen:

Download Bitcoin Core Wallet 0.14.1
Download Ethereum Core Wallet
Download Monero Core Wallet 0.10.0.0
Download Litecoin Core Wallet 0.10.4.0
https://bitcoin.org
https://github.com/ethereum/mist/releases/download/0.8.2/Ethereum-Wallet-win64-0-8-2.zip
https://downloads.getmonero.org/win64

Be your own Bank!

Was ist eine Blockchain?

Eine Blockchain ist eine dezentrale Datenbank, die eine stetig wachsende Liste von Transaktionsdatensätzen vorhält. Die Datenbank wird chronologisch linear erweitert, vergleichbar einer Kette, der am unteren Ende ständig neue Elemente hinzugefügt werden (daher auch der Begriff "Blockchain" = "Blockkette"). Ist ein Block vollständig, wird der nächste erzeugt. Jeder Block enthält eine Prüfsumme des vorhergehenden Blocks.

Entwickelt wurde das technische Modell der Blockchain im Rahmen der Kryptowährung Bitcoin - als webbasiertes, dezentralisiertes, öffentliches Buchhaltungssystem aller Bitcoin-Transaktionen, die jemals getätigt wurden. Die Bitcoin-Blockchain wächst stetig, da ständig neue Blöcke mit neu abgeschlossenen Bitcoin-Transaktionen hinzukommen. Jeder Computer, der an das Bitcoin-Netz angeschlossen ist, neue Bitcoins erzeugt und/oder die bisher erzeugten verwaltet, verwaltet eine 1:1-Kopie der vollständigen Blockchain, die Ende 2015 bereits rund 50 Gigabyte groß war. Noch ausführlichere technische Informationen zur Bitcoin-Blockchain gibt es bei Wikipedia.

Was ist was bei Blockchain, Bitcoin und Co.?

Kryptowährung

Digitales Geld, ohne Münzen und Scheine. Mithilfe von Kryptografie wird ein verteiltes, sicheres und dezentralisiertes Zahlungssystem aufgebaut. Benötigt keine Banken, sondern Rechenpower und technische Hilfsmittel wie die Blockchain.

Was ist überhaupt Bitcoin?

Bitcoin ist eine rein digitale Währung - begründet 2009 -, die auf einem dezentralen Bezahl-Netzwerk basiert und die eine Blockchain als Rückgrat benötigt. Wer im Web mit Bitcoins bezahlt, zahlt geringere Transaktionsgebühren als bei traditionellen Online-Payment-Anbietern. Ein weiterer möglicher Vorteil von Bitcoin ist, dass die Währung nicht durch eine zentrale Staatsbank oder ähnliche Einrichtung gesteuert wird. Nachteile sind die überschaubare Zahl von Akzeptanzstellen und der mittlerweile sehr hohe Aufwand, neue Bitcoins zu berechnen - entsprechend stark steigt ihr Wert.

Es existieren keine physikalischen Bitcoins, sondern nur Kontostände, die mit öffentlichen und privaten Schlüsseln verbunden sind. Diese Kontostände werden in einem öffentlichen Buchhaltungssystem abgelegt - der Blockchain -, zusammen mit allen jemals getätigten Bitcoin-Transaktionen. Die für die Verwaltung dieser massiven Datenmenge notwendige Rechenpower wird durch ein großes Netz von Computern bereitgestellt.

Was macht die Blockchain so besonders?

Die Blockchain ist die wohl größte technologische Erfindung des Bitcoin-Universums. Ohne Blockchain würde das Bitcoin-System nicht funktionieren, weil neue Bitcoins nur auf Grundlage der bisher erzeugten Bitcoins errechnet werden können und deshalb nachgehalten werden muss, was in der Vergangenheit schon passiert ist. Dennoch muss das Blockchain-Prinzip losgelöst von Bitcoin betrachtet werden. Stellen Sie sich die Blockchain als Rohrleitung vor und Bitcoin als das Wasser, das dort durchfließt. Oder Blockchain als Straße und Bitcoin als Auto. Der daraus folgende Clou: Auf der Grundlage der Blockchain-Technologie lassen sich neue Applikationen entwickeln und komplett neue Ökosysteme begründen.

Welche Vor- und Nachteile hat eine dezentrale Technologie wie Blockchain?

Die Dezentralisierung der IT im Allgemeinen und Blockchain im Speziellen bringt einige Vor- und Nachteile mit. Als Vorteile lassen sich anführen:

Schutz großer Datenmengen mittels Verschlüsselung und Zugriffsverwaltung;

Möglichkeit, große Datenmengen unternehmensübergreifend zu sammeln und analysieren;

einfachere Verifzierung von Datenbezugspunkten;

automatische Aufspüren von Schwachstellen in der Lieferkette, im Zahlungsverkehr und anderen Geschäftsprozessen;

Reduktion oder Vermeidung von unnötigen Kosten für die IT-Infrastrukur;

Reduktion der Kosten für interne und externe Finanztransaktionen, Finanzreporting und Verwaltung;

Schaffung eines Mechanismus zur Verbesserung des Vorstandsreportings und des regulatorischen Reportings;

Beschleunigung des Jahresabschlusses.

Als Nachteile sind zu nennen:

noch wenig individuelle Skalierbarkeit;

geringer Datendurchsatz;

Einschränkungen beim Speicherplatz;

schwer zu verwaltende Berechtigungen;

schwierige Integration mit bestehender Legacy im Unternehmen.

Wie kommt die Blockchain in der Finanzbranche schon zum Einsatz?

Schon heute ist vieles in der IT dezentralisiert - dem Internet und der Cloud sei Dank. Mit Anwendungen, die auf dem Blockchain-Prinzip basieren, kommen weiter neue Entwicklungen dazu, die dafür sorgen werden, die aufgeführten Nachteile nach und nach abzubauen. So basiert auch die Kryptowährung Ethereum auf dem Blockchain-Prinzip der dezentralen Rechenleistung und kann als eine Art Brücke zwischen Blockchain und Unternehmens-Systemen gesehen werden.

Die "skalierbare Blockchain-Datenbank" BigchainDB kann bis zu einer Millionen Schreibvorgänge pro Sekunde verwalten, Petabytes an Daten speichern und wartet trotzdem mit einer Latenzzeit von unter einer Sekunde auf - das alles dezentralisiert verwaltet und bei höchster Datenintegrität.

Blockchain-Anwendungsplattformen für die Finanzindustrie, die sich noch in der Entwicklung befinden - wie ERIS oder R3CEV - sollen die "Business-Regeln" der Blockchain-Technologie aufstellen und neue transparente, sichere und nachprüfbare Geschäftsmodelle in die IT, insbesondere der Finanzbranche, bringen. Für den CIO heißt ein solcher neuer dezentralisierter Technologiestack samt wachsendem Ökosystem, dass er seinen Aufgaben besser nachkommen kann: schnellere Fertigstellung für den Geschäftsbetrieb, eine sicherere Transaktionsabwicklung, Kostenreduzierung und engere Orientierung an regulatorischen Vorschriften.

Die Integration mit bereits bestehenden Systemen stellt noch eine Herausforderung dar, ist aber nicht unüberwindbar und lässt sich mit den durch Blockchain zu erwartenden Vorteilen sowohl für die IT als auch fürs Business sehr gut rechtfertigen.

Warum können auch andere Industrien von der Blockchain profitieren?

Die IT entwickelt zunehmend dezentrale Strukturen, weil die Anwender ihre digitalen Daten selbst im Auge behalten möchten. Durch dezentrale Systeme können Informationen in einem Netz von mehreren Rechnern gespeichert werden, die über das Internet zugänglich sind. Mit dem Internet begann die Dezentralisierung der Kommunikation und jeder Mensch erhielt mehr Verfügungsgewalt über die Informationen, die er konsumiert. Im nächsten Schritt werden neben der Kommunikation auch Rechenleistung und Speicher dezentralisiert (Cloud Computing), und mit der Blockchain kommt nun ein weiteres Element hinzu. Die Blockchain befeuert Ideen, nicht nur Kryptowährungen wie Bitcoin über dezentrale Netze zu steuern, sondern auch andere digitale Inhalte wie Kunst, Musik, Texte oder Fotos.

Erste konkrete Praxisbeispiele für den Einsatz von Blockchains in verschiedenen Industrien haben wir im Artikel "Blockchain im Einsatz" zusammengestellt.

Wie sehen die Blockchain-Angebote der großen IT-Konzerne aus?

Große IT-Konzerne springen auf den Blockchain-Zug auf und basteln derzeit an Software- und Service-Ökosystemen rund um die Technologie. So bietet IBM- sowieso schon länger in der Bitcoin-Initiative der Linux Foundation aktiv - innerhalb seiner Cloud Entwicklern die Möglichkeit, eigene Blockchains aufzusetzen. Dazu hat Big Blue auf seiner Entwicklerplattform Bluemix den der Bitcoin-Blockchain zugrundeliegenden Hyperledger-Code zur Verfügung gestellt.

Durch die gleichzeitige Integration des Container-Dienstes Docker sei es "für Entwickler nun in zwölf Sekunden möglich, eine eigene Mini-Blockchain innerhalb einer Sandbox zum Laufen zu bekommen", wie Jerry Cuomo, bei IBM für die Blockchain-Angebote zuständig, im Rahmen der Vorstellung der Services im Februar 2016 unterstrich. "Und nur eine Minute später ist dann die erste vollständige Blockchain-Applikation live."

Auch Microsoft hat den Nutzen von Blockchain erkannt und unter dem Dach von "Ethereum Blockchain as a Service" in der Azure Cloud das "Project Bletchley" gestartet. In nächster Zeit sollen verschiedene Middleware-Tools gelauncht werden, die den Business-Nutzen von Blockchain erweitern. So spricht man beispielsweise mit "Blockchain as a Service"in erster Linie Entwickler an. Als technisches Werkzeug der Lösungen dienen sogenannte "Cryptlets", mit deren Hilfe Anwender externe Daten in eine Blockchain einpflegen können, ohne ihre Sicherheit und Integrität zu zerstören.

Diese Cryptlets lassen sich in jeder beliebigen Prorammiersprache entwickeln und laufen analog zum IBM-Angebot innerhalb eines sicheren Containers. Microsoft sieht den Nutzen der Blockchain-Technologie vor allem in Security-relevanten Themen wie Identitäts-Management und Verschlüsselung und hat entsprechende Services bereits in Project Bletchley integriert.

Weitere große IT-Player wie SAP oder HPE haben die Technologie ebenfalls schon länger unter Beobachtung und evaluieren eigenen Aussagen zufolge noch die Möglichkeiten, Angebote rund um Blockchain zu entwickeln.

Wer bleibt als Amazon der Blockchain-Blase über?

Blockchain ist das neue Internet — zumindest erinnern die Millionen-Finanzierungen neuer Blockchain-Unternehmen mit Kryptogeld an die Auswüchse der Dotcom-Ära. Was wird bleiben? Die Neuland-Kolumne.

Der steile Aufstieg der Kryptowährung Bitcoin in den vergangenen Jahren hat die Blockchain-Technologie bekannt gemacht. Dabei nutzt Bitcoin die Blockchain — eine dezentral verteilte Datenbank, die Transaktionen mittels Kryptografie absichert — nur für einen einzigen Zweck: Nachzuhalten, wer welche Anteile an Bitcoin besitzt und an wen übertragen hat. Bitcoin hat sich damit als das digitale Gold des Internets etabliert — wenn es an den Krypto-Märkten kriselt, fliehen Anleger inzwischen zu Bitcoin als sicherer Hafen.

Der zweite Star unter den Krypto-Projekten — Ethereum — zeigt in der Praxis, dass die Blockchain in der Praxis deutlich mehr kann. Das Projekt kämpft aber mit Problemen wie Hacks, die laut Kritikern auch in der grundlegenden Architektur von Ethereum begründet liegen. Die Hoffnung auf eine neue Blockchain-Technologie, die Ethereum ablöst, hat einen neuen, komplett unregulierten Goldrausch ausgelöst: Massenhaft stecken überwiegend Privatinvestoren ihr Geld in Blockchain-Startups, die die Blockchain 3.0 versprechen und Ethereum ablösen sollen – die sogenannten ICOs und Token Sales. Tatsächlich könnte diese gerade jetzt entstehen und das Fundament für eine neue Art des Internets legen.

Doch der Reihe nach: Ethereum bildet in der Blockchain eine komplette Programmiersprache ab. Daher können darüber auch Verträge geschlossen werden, sogenannte „Smart Contracts." Dank der dezentral berechneten Blockchain kann jeder einen dieser Verträge in Code schreiben und auf der Blockchain laufen lassen – ohne irgendjemanden dafür um Erlaubnis zu fragen.

Die programmierten Verträge brauchen keinen Richter oder Gerichtsvollzieher, um durchgesetzt zu werden – denn im Code selbst steckt der Vertrag. Wer einen solchen Vertrag eingeht – in der Regel, indem er die Digitalwährung Ether an eine Adresse schickt – sollte den Code also genau lesen und verstehen. Durchgesetzt wird der Vertrag über die Logik der Blockchain und die sogenannten Miner, die Rechenkraft zur Verfügung stellen, um Transaktionen gegen Gebühr sicherzustellen oder neue Coins zu minen.

Dass die Smart Contracts nicht immer ganz so smart sein müssen, zeigen eine ganze Reihe von spektakulären Hacks. In allen bisher bekannten Fällen wurden die Verträge schlampig programmiert, wodurch Angreifer Ether in Millionenhöhe erbeuten konnten. Die Tatsache, dass Code immer anfällig für Fehler ist – fahrlässige wie böswillige – sehen manche als grundsätzliches Problem von Ethereum.

ICO-Boom: Ist die Zeit reif für eine Blockchain 3.0?

Vor allem die Programmiersprache von Ethereum namens Solidity mit einer Syntax ähnlich der zu Javascript wird häufig wegen Sicherheitsproblemen kritisiert. Der Vorwurf: Statt sich an der wissenschaftlichen Forschung zum Thema Smart Contracts zu orientieren, erlaube sie zu viel und führe so schnell zu Programmierfehlern wie im Falle der auf Ethereum basierenden selbstständigen „dezentralen autonomen Organisation" DAO – dem Versuch, eine automatisierte Investmentfirma auf Basis der Blockchain aufzubauen.

Ethereum erlaubt Smart Contracts – nicht ohne Risiko.

Doch statt die Teilnehmer von DAO reich zu machen, führte es in die bislang größte Krypto-Katastrophe: Aufgrund eines Programmierfehlers wurden vor mehr als einem Jahr 3,6 Millionen Ether von DAO unbrauchbar gemacht – damals hatten sie einen Wert von 65 Millionen Euro, heute wären sie rund 700 Millionen Euro wert. Die Ausnutzung der Schwachstelle im Code führte zur Spaltung des Ethereum-Projekts in Ether und Ether Classic – bei Ether fand das Geld den Weg zu seinen Besitzern zurück, in der Classic-Welt hat die Rückabwicklung der DAO-Transaktionen nie stattgefunden.

Und die beiden Krypto-Stars Bitcoin und Ethereum haben weitere Probleme: Wer aktuell eine Bitcoin-Transaktion durchführen will, wartet teilweise mehrere Stunden, bis die Transaktion bestätigt ist – zum Kaufen eines Burgers ist Bitcoin schon lange nicht mehr praktikabel. Bei Ether geht das zwar schneller – allerdings nur, wenn nicht gerade wieder einer der begehrteren ICOs – die Finanzierung eines neuen Startups meist im Blockchain-Bereich mit Hilfe von Ether – stattfindet. Dann ist die Blockchain schnell verstopft.

ICO steht für Initial Coin Offering und lehnt sich sprachlich an die vor allem in den USA gebräuchliche Bezeichnung für einen Börsengang — IPO, Initial Public Offering — an. Um die strenge amerikanische Börsenaufsicht SEC nicht unnötig aufzuschrecken, werden die meisten der ICOs inzwischen aber als Token Sale bezeichnet. Anders als bei den hochregulierten Börsengängen ist bei ICOs und Token Sales allerdings höchst fraglich, was die Investoren rechtlich gesehen genau erwerben. Vermutlich, um sich vor Klagen zu schützen, lautet die juristische Antwort der meisten Unternehmen, die ICOs oder Token Sales derzeit durchführen: juristisch gesehen nichts. Die Tokens sind ein digitaler Spielstein, von dem derzeit niemand so genau sagen kann, wofür er mal gut sein wird. Einige der ICOs sind auch klarer Betrug.

Der Run auf die ICOs wird durch die Hoffnung auf eine Blockchain 3.0 verstärkt: Bitcoin bildete die Blockchain 1.0, Ethereum wird von manchen durch die Fähigkeiten der Smart Contracts als Blockchain 2.0 gesehen. Die Probleme bei der Skalierbarkeit und Anfälligkeit für Angriffe lassen zahlreiche Blockchain-Experten zu dem Schluss kommen, dass die Zeit für eine neue Blockchain-Technologie reif sein könnte. Diesmal vielleicht eine, die den Standard für viele Jahre setzt — oder sogar Jahrzehnte. Die Marktkapitalisierungen von Bitcoin mit rund 45 Milliarden US-Dollar und

Ethereum mit rund 21 Milliarden Dollar befeuern dabei die Phantasien für eine solche mögliche neue Basistechnologie.

Schaffen EOS oder Tezos einen Ethereum-Killer?

Tatsächlich haben gerade einige der Projekte besonders viel Geld eingesammelt, die so eine Blockchain 3.0 in Aussicht stellen: Das EOS-Projekt beispielsweise verspricht im White Paper, durch eine Parallelität der Blockchain-Berechnungen Millionen von Transaktionen durchführen zu können. EOS soll so ein kommerziell nutzbares Betriebssystem für dezentrale Applikationen werden, die auf der Blockchain aufsetzen. Tezos mit Sitz im schweizerischen Zug will eine neue Blockchain schaffen und sogar mit einem „kleinen Nationalstaat" verhandeln, damit er die digitale Tezos-Währung als offizielle Landeswährung anerkennt.

Tezos startet nach seinem ICO mit einer 232-Millionen-Dollar-Finanzierung in Ether – und stellte damit zunächst einen neuen Rekord auf. EOS sammelte bereits jetzt noch mehr Geld in Form von Ether ein – mit einem ICO, der noch fast ein Jahr läuft. Schon nach fünf Tagen waren umgerechnet 185 Millionen Dollar zusammen, inzwischen sind es mehr als 300 Millionen Dollar und täglich kommen etwa drei Millionen dazu, Tendenz steigend. Ein EOS-Token wird derzeit für rund 1,64 Euro gehandelt — am Ende soll es eine Milliarde davon geben.

Das sind die fünf wertvollsten Krypto-Währungen der Welt

Es ist nicht einmal sicher, dass die Käufer der auf Ethereum basierenden Tokens diese später auch in die auf Basis der neuen Blockchain entwickelte EOS-Währung tauschen können. Die Tokens stellen auch keine Beteiligung am Unternehmen dar – das Unternehmen hinter EOS namens Block.one mit Sitz auf den Kaiman-Inseln ist durch klassisches Wagniskapital finanziert. EOS-CTO Dan Larimer genießt unter Blockchain-Enthusiasten einen guten Ruf, weil er zwei der bisher technisch besten Blockchains wesentlich mitentwickelt hat: Steem und Bitshares. Und in Zeiten wie diesen reicht das offenbar, um dreistellige Millionensummen – perspektivisch über eine Milliarde Euro – für Tokens einzusammeln, von denen heute niemand so genau sagen kann, wofür sie einmal gut sein werden.

Das FOMO-Phänomen: Fear of missing out

Doch es ist noch etwas anderes, was das Geld in die ICOs und Token Sales spült: Die kometenhafte Preisentwicklung von Bitcoin, Ether und einigen anderen Kryptowährungen wie Zcash und Monero, die auf Anonymität setzen oder Ripple, das die Unterstützung einiger Banken hat, führt zu einem Phänomen, das auch wesentlicher Treiber der Dotcom-Blase um die Jahrtausendwende war: das FOMO-Syndrom – „Fear of missing out" –, die Angst, den nächsten Krypto-Hype (wieder) zu verpassen. Der Gedanke dahinter: Nachdem jetzt schon gefühlt die halbe Tech-Welt mit Bitcoin und Ether reich wurde, bin ich jetzt aber auch mal dran.

Von der klaren Mehrheit , vielleicht sogar allen derzeitigen Unternehmen, die oftmals mit nicht mehr als einer Idee Millionensummen in Ether einnehmen, wird in zehn Jahren niemand mehr sprechen. Da wird sich der derzeitige Krypto-Boom nicht anders verhalten als der Dotcom-Boom rund um die Jahrtausendwende, als viele Millionen in Startups versenkt wurden, von denen heute niemand mehr redet.

Doch Kennzeichen der Dotcom-Ära war es auch, dass neben vielen gescheiterten Startups Amazon und Google entstanden. Amazon wurde 1994 in einer sehr frühen Phase des Internet-Booms gegründet, Google 1997. Vielleicht also entstehen ja auch gerade die Amazons und Googles der Blockchain? Dann hätte, wer genug Expertise hat, um auf das richtige Startup zu setzen, die Chance, sehr früh in ein erfolgsversprechendes, vielleicht sogar revolutionäres Unternehmen investieren.

Eine der größten russischen Fluggesellschaften macht sich für Ausgabe der Flugtickets die Blockchain-Technologie zu Nutze.

Laut dem russischen Nachrichtenmagazin Kommersant, soll die russische Airline S7 mit Unterstützung der Alfa-Bank bereits seit Beginn dieser Woche den Ticketkauf auf der Ethereum-Blockchain abwickeln können. Ob es sich dabei um eine private oder öffentliche Blockchain handelt, geht leider nicht aus dem Artikel hervor.

S7 ist mit über 9,5 Millionen Passagieren im Jahr 2016 nach der Aeroflot die Zweitgrößte Airline des Landes.

In dem Bericht steht geschrieben, dass mit Hilfe der Blockchain die Transaktionszeit zwischen der Airline und Vermittlern reduziert werden soll. Bislang beträgt diese rund zwei Wochen. Zudem soll der Zahlungsprozess zwischen den beiden Parteien rationalisiert werden indem die Kommission der Vermittler automatisch abgezogen wird.

Gar kein Mysterium: Blockchain verständlich erklärt

Anderes gesagt, Blockchain ist im Grunde ein dezentrales Protokoll für Transaktionen zwischen Parteien, das jede Veränderung transparent erfasst."

Dezentral bedeutet, dass das Protokoll, eine riesige Datenbank, nicht auf einem Server oder bei einem Unternehmen liegt, sondern über viele Computer verteilt ist. Es gibt niemanden, dem dieses Journal gehört. Keine Behörde, Unternehmen oder Person hat Macht über dieses Journal. Jeder Teilnehmer hat die gleichen Zugriffsrechte und Möglichkeiten. Die Blockchain ist ein neutrales System der Informationsverarbeitung, welches niemanden gehört, nicht zu manipulieren oder zu hacken ist. Der Schutz vor Manipulation ist nur dann in Gefahr, wenn ein Angreifer mehr als 50 Prozent des gesamten Netzes innehat. In einem dezentralen System, wie es Blockchain ist, gibt es keinen zentralen Verwalter mehr, der sagt, was richtig und was falsch ist. Wahr ist einfach das, was die Mehrheit sagt.

Transaktionen können jede Art von Information sein. Blockchain ist nicht auf finanzielle Transaktionen beschränkt, sondern kann für jede

Art von Information genutzt werden. Man kann es vergleichen mit dem gesprochenen Wort. Sage ich beispielsweise "Du bist doof" kann es, einmal ausgesprochen, nicht mehr geändert werden, vor allem dann, wenn Zeugen anwesend waren. So verhält es sich bei den Transaktionen innerhalb der Blockchain auch. Mit einem Unterschied: Innerhalb der Blockchain kann eine Information jederzeit nachvollzogen werden – auch für neue Teilnehmer. Übertragen bedeutet das, jeder weiß, das ich sagte "Du bist doof" und das gilt sogar für die Personen, die zum Zeitpunkt gar nicht anwesend waren.

Die Parteien sind die Teilnehmer, die an einer auf Blockchain basierenden Lösung teilnehmen und den jeweiligen Regeln der Blockchain folgen. Blockchain ermöglicht Transaktionen direkt zwischen den Teilnehmern ohne Einbezug eines kostenpflichtigen Intermediär. Dadurch wird auch potentielle Friktion (marktbeherrschende Stellungen) verhindert.

Die Transparenz der Blockchain, also dem Journal oder Datenbank, entsteht dadurch, das das Journal ständig durch ein Netzwerk sogenannter Miner kontrolliert wird. Diese Miner verifizieren Block für Block die hinterlegten Informationen und teilen sie im Netzwerk, in dem jeder Teilnehmer Zugriff auf dieselbe Blockchain hat.

Minenarbeiter – die Buchhalter der Blockchain

Funktionsweise der Blockchain - erklärt auf http://bitcoin.stackexchange.com/http://bitcoin.s tackexchange.com/

Funktionsweise der Blockchain – erklärt auf http://bitcoin.stackexchange.com/"http://bitcoin. stackexchange.com/"

Bei Blockchain wird eine Information in sogenannte Blöcke abgelegt. Die Art der Information ist dabei zweitrangig und kann alles sein, was in 40 Byte paßt: eine Finanztransaktion, ein Vertrag, Testament, Aktien, Kaufverträge oder der Hashwert zu einer Datei. Ein Block enthält immer auch eine (Transaktions)Historie. Jeder neue Block ist verbunden mit dem vorhergehenden Block und enthält die Historie in Form einer Prüfsumme des vorhergehenden Blocks. Zusätzlich zur Prüfsumme des vorhergehenden Blocks enthält ein Block auch immer die Prüfsumme der gesamten Kette.

Jeder Block wird durch das Mining verifiziert und versiegelt. Einmal verifiziert ist der Block und die darin enthaltene Information für alle Ewigkeit, unveränderlich und für jeden sichtbar gespeichert. Da gespeicherte Informationen für jeden im Original verfügbar sind, ist Blockchain entsprechend transparent. Korruption und Manipulation ist im System nicht vorgesehen. Diejenigen, die Blöcke verifizieren, sind Miner, die nichts anderes tun, als Rechenleistung zur Verfügung zu stellen und die Blöcke zu verifizieren. Die Miner agieren also als eine Art Buchhalter.

Ein Beispiel: Joe Sixpack kauft ein Grundstück. Joe wird als Besitzer in der Urkunde eingetragen. Diese Information wird in der Blockchain abgelegt. Durch das Mining wird die Information verifiziert und ist nun für alle Ewigkeit vor Manipulation geschützt und für jeden einsehbar.

Schlüsselkind – Absicherung durch öffentliche und private Schlüssel

Um an einem auf Blockchain basierenden System teilzunehmen, braucht es eine Zugangssoftware. Diese Zugangssoftware, die sogenannte Wallet, basiert auf einem Schlüsselpaar, bestehend aus einem privaten und einem öffentlichen Schlüssel. Der öffentliche Schlüssel ist für jeden sichtbar. Der private Schlüssel ist geheim und vergleichbar mit einem Passwort. Jede Transaktion oder Bewegung innerhalb der Blockchain wird mit Hilfe des privaten Schlüssels signiert. Ohne Signatur ist die Transaktion ungültig. Da das Schlüsselpaar auf einer asymmetrischen Verschlüsselung basiert, ist es unmöglich, nur anhand des öffentlichen Schlüssels den privaten Schlüssel zu erraten.

Ein Beispiel: Joe Sixpack kauft ein Grundstück. Joes öffentlicher Schlüssel ist mit der Urkunde fest verdrahtet. Das ist für jeden ersichtlich, aber nur Joe kann mit dem privaten Schlüssel die Urkunde an andere übertragen. Verliert Joe den Schlüssel, gibt es keine Möglichkeit, diese Urkunde zu ändern.

Anwendungsgebiete der Blockchain

Vielfältige Anwendungsgebiete sind für Blockchain denkbar. Beispielsweise in der Musikindustrie, wenn es um das Verwalten von Rechten geht. Im Vertragswesen oder im Steuerrecht, also überall dort wo Transparenz und Nachvollziehbarkeit erforderlich ist. In der Finanzbranche könnten internationale Überweisungen, das Settlement von Wertpapieren oder Settlement von Überweisungen zwischen Banken über Blockchain abgewickelt werden. In der Finanzbranche beschäftigt man sich eingehend mit Blockchain. Die CITI-Bank arbeitet angeblich an über vierzig Blockchain-Projekten, die New Yorker Börse überlegt daran, den Aktienhandel über die Blockchain effizienter zu machen und laut einer Studie von

Santander könnten Banken jährlich 20 Mrd. EUR einsparen.

– Smart Contracts Ein über Blockchain abgewickelter Autokauf schaltet den digitalen Autoschlüssel für den neuen Eigentümer frei, nachdem der definierte Betrag auf dem Konto des Verkäufers eingegangen ist. Beim Ausbleiben einer Raten-Zahlung wird der Wagen gesperrt. Verträge werden so wertneutral ausgeführt und zwar exakt so, wie sie ursprünglich definiert waren. Bei Smart Contracts handelt es sich im Prinzip um ausführbaren Programmcode in Form einer Wenn-Dann-Bedingung: Sobald ein Ereignis mit direktem Bezug zu einem Vertragsinhalt eingetreten ist, löst es die entsprechende Aktion aus. Der digitale Vertrag kommuniziert über Blockchain ohne einen Intermediär direkt mit dem Objekt – zum Beispiel einem Auto. Ethereum bietet diese Möglichkeit beispielsweise.

– Banking the Unbanked Zugang zu einer Finanzinfrastruktur von Entwicklungsländern kann ebenfalls über Blockchain abgebildet werden. Bei einer auf Blockchain basierenden Währung benötigt man formelle Aufnahmekriterien nicht mehr, denn mit Kryptowährungen kann jeder ein Konto in Form eines Wallets eröffnen und Herr seiner Finanzen sein, unabhängig von Ort und Zeit.

— Banken-Infrastruktur Die Struktur der Banken ist seit Jahrzehnten unverändert. Der Prozess zur Wertübertragung mit Banken als Intermediär ist seit über 150 Jahren der gleiche. Blockchain kann das grundlegend verändern. Die Abwicklung von Transaktionen und die Übertragung von Werten dauert in der Blockchain nicht mehr Tage, sondern wenige Minuten.

— Micro Payments Da Kryptowährungen wie Bitcoins sich nahezu beliebig stückeln lassen und die bei einer Transaktion anfallenden Gebühren nur etwa 1 Prozent betragen, sind sie prädestiniert für Micropayments und damit einhergehend für digitale Güter wie Zeitungsartikel, Apps oder Musiktitel.

— Musikindustrie Ein auf Blockchain basierender Musikdienst ist ein öffentlicher dezentraler Musikladen, in dem es keine Plattenverträge mehr braucht und Künstler die Rechte an der eigenen Musik verwalten und die Bedingungen für die Nutzung der Musik festlegen. Das Verhältnis zwischen Fan und dem Künstler verändert sich in einem System dramatisch. Fans könnten für die Unterstützung der Künstler und das Verbreiten von Musik partizipieren und damit Teil des Erfolges sein. Bit Block Music

– Wahlsysteme Ein auf Blockchain basierendes Wahlsystem wäre nicht nur vor Manipulation geschützt, sondert auch anonym und sicher. Vor allem können die Wähler von zu Hause wählen, ohne zu einer Wahlurne zu gehen. Fehler beim Auszählen sind ausgeschlossen. BitCongress

– Versicherungen Wie Smart Contracts auch, könnten Versicherungen funktionieren. Die Versicherung und Versicherungsnehmer einigen sich auf ein Regelwerk und die Blockchain setzt dieses Regelwerk fair und neutral um. Das Fahrverhalten wird über die Blockchain analysiert und passt automatisch die Beiträge an. Vorsichtige Fahrer werden belohnt, risikobereite Fahrer zahlen mehr. Ein Regelwerk in der Blockchain setzt dieses System autark und wertneutral um.

Der Staat Honduras möchte künftig alle Grundbucheinträge in die Blockchain transferieren und damit Korruption und unrechtmäßigen Enteignungen entgegenwirken. In Estland kann man bereits seine Hochzeitsurkunde in der Blockchain hinterlegen und die Nasdaq hat mit Linq eine Blockchain-basierte Handelsplattform geschaffen. In der Schweiz testet derzeit ein Konsortium von 40 Banken – darunter auch die Schweizer UBS und Credit Suisse – diverse Blockchain-Lösungen. Mit der Blockchain werden Informationen zum Gemeingut und eine Kontrolle durch Menschen ist nicht erforderlich.

Blockchain hat das Potential, eine ähnliche Revolution zu werden wie das Internet Anfang der 90iger Jahre. So wie heute das TCP/IP-Protokoll die technische Grundlage für alle Anwendungen im Internet ist, kann Blockchain die technische Grundlage für weitere Anwendungen als "nur" Bitcoin sein. Zu den Anfängen im Internet gab es außer Internetseiten und E-Mail auch keine Anwendungen. Heute sind unsere Autos, Häuser, Geräte und letztendlich wir alle miteinander vernetzt. Daher ist es schwer zu sagen, in welche Richtung sich Blockchain entwickelt, Potential ist aber vorhanden und viele Einsatzzwecke heute schon denkbar.

Maik Klotz https://twitter.com/klotzbrocken

Und dann? Die Riesen kommen. Banken und Großkonzerne sind interessiert

Accenture, Cisco, IBM, J. P. Morgan, Mitsubishi, Intel, Fujitsu, Wells Fargo . . . man kann sagen, dass es schon weniger prominente Zusammenschlüsse von Firmen gegeben hat. Die genannten sind fest entschlossen, ihren Platz in der Technologie- und Finanzwelt zu behaupten, indem sie sich - Überraschung! - einer Innovation verpflichten. Unter dem Dach der Linux-Foundation, einem gemeinnützigen Konsortium, das freie Software in der Welt verbreitet, wollen sich die Industrie- und Service-Giganten künftig der Technologie der Blockchain widmen.

Der was? In der Tat, der Begriff der "Blockchain" ist bislang eher wenigen Menschen bekannt. Das dürfte bald anders sein, denn es sieht ganz danach aus, als änderte die Blockchain früher als später sehr viel: die Art und Weise, wie Verträge zustande kommen, wie Bankgeschäfte ablaufen, wie Rechte, zum Beispiel Urheberrechte, verwaltet werden oder wie Grundbücher gehandhabt werden. Der Zusammenschluss der Firmen ist in Anbetracht dieses ökonomischen und gesellschaftlichen Potenzials nur ein kleiner Schritt auf dem Weg in eine Welt mit Blockchain.
Bitcoins sind sicher

Aber worum geht es überhaupt? Wer überhaupt schon mal auf den Begriff gestoßen ist, hat ihn wohl in Verbindung mit der Währung Bitcoin gehört. Bitcoin gilt vor allem als digitales, anonymes Zahlungsmittel für Kriminelle. Das mag spannend klingen, wird der Währung aber nicht gerecht. Tatsächlich ist Bitcoin ein außergewöhnlich sicheres und gleichzeitig transparentes System, mit dem jeder, der sich dafür registriert, Geld hin und her schicken kann. Sei es, um in einem Café zu bezahlen (das Café müsste Bitcoin als Währung akzeptieren, in den USA gibt es das bereits), oder um bei einem Freund ein paar Schulden zu begleichen.

Die Grundlage dieses Systems, dessen Implikationen für das bestehende Bankwesen und klassische Währungen kaum abzusehen sind, ist eben genau diese Technologie: die Blockchain. Wie das Wort erahnen lässt, handelt es sich um eine (virtuelle) Kette aus Blöcken. In diesen Blöcken sind die Transaktionen aller Menschen, die etwas mit Bitcoin bezahlt haben, gespeichert. Die Blockchain wächst mit weiteren Transaktionen an und enthält in der Art einer Liste die Kontostände aller Bitcoin-Nutzer zu jedem beliebigen Zeitpunkt.

Dementsprechend gibt es übrigens, nebenbei bemerkt, keine virtuellen "Bitcoin-Münzen", von denen manchmal aus Gründen der Anschaulichkeit berichtet wird. Vielmehr ist der Besitz eines Menschen, der große Summen in der Währung besitzt, lediglich das Guthaben, das sich aus dem aktuellen Stand der digitalen Liste für ihn errechnet. Die Liste ist - so gesehen - identisch mit der Währung. Weil diese Liste auf mehreren Computern gespeichert wird und für alle Nutzer einsehbar ist, ist garantiert, dass sie nicht gefälscht werden kann. Eine sichere Währung - das ist schon mal sehr, sehr viel für eine junge Technologie.

Kein Wunder, dass jetzt neben Banken ganz andere Branchen und auch Kreative auf die Idee kommen, die Blockchain für neue Zwecke zu verwenden. Attraktiv ist dabei immer der dezentrale Aufbau des Systems, der - und das ist insbesondere beim Handel nicht zu unterschätzen - den Nutzern das Gefühl von Sicherheit gibt. Umgekehrt bedeutet er den Wegfall zentraler Institutionen. Eine Währung, die von allen kontrolliert wird, benötigt keine (Zentral-)Bank. Dazu kommt die Kombination aus der Transparenz des Gesamtsystems und dem Schutz der Privatsphäre für den einzelnen Teilnehmenden. (Bei der Währung Bitcoin sind in der Blockchain zwar die Transaktionen sichtbar, es ist aber nicht ohne weiteres zu erkennen, welcher Mensch sie getätigt hat.)

Vor allem aber, dass eine Handlung identisch mit ihrer Festschreibung im System ist, macht die Blockchain zu einem attraktiven Modell im digitalen Zeitalter. Das klingt nur kompliziert: Im Fall von Bitcoin bedeutet es nicht mehr, als dass eine

Transaktion dann getätigt wurde, wenn sie in der Blockchain festgeschrieben und verifiziert wurde.

Exakt dieses Prinzip machen sich nun zahlreiche Startups und Kreative rund um die Welt zu Nutze. Sie träumen zum Beispiel von Verträgen in der Art einer Blockchain, die bei einem Bruch des Vertrages - zum Beispiel, wenn eine Rate nach einem Autokauf nicht überwiesen wird - automatisch und dank der sofortigen Verifikation durch das dezentrale System die Türen des Autos dauerhaft verriegelt.

Andere Programmierer arbeiten daran, die komplexe, weil oft zerfaserte Rechtslage auf dem Feld der Musik in einer transparenten, stets aktualisierten Blockchain zu speichern. So könnten Musiker beim Startup "Peertracks" ihre Songs für Systeme wie iTunes oder Spotify bereitstellen, und die Blockchain würde über ein ausgeklügeltes System dafür sorgen, dass alle Rechteinhaber ihren Anteil bekommen. Gleichzeitig sollen Musikfans über das System eine Art von Aktien von ihrer Lieblingsband kaufen können, die dann - Bitcoin nicht unähnlich - gehandelt werden können.

Griechenland und Honduras überlegen derweil bei der Reorganisation ihres Staatswesens, die Grundbücher der Katasterämter in eine Blockchain umzubauen.

Noch sind die meisten Ideen unausgegoren, die Erfolgsaussichten lassen sich in vielen Branchen erst erahnen. Nur in der Finanzbranche ist klar: Wer nicht mitmacht, wird verlieren. Eine ähnliche Initiative wie jene beim Linux-Konsortium hat sich im Finanzsektor unter dem Namen "R3" zusammengeschlossen, mit dabei sind neben J. P. Morgan und Credit Suisse auch die Deutsche Bank und die Commerzbank. Für die Banken ist vor allem die hohe Geschwindigkeit von Vorteil, mit der eine Blockchain arbeitet, etwa wenn es um grenzüberschreitende Überweisungen oder Wertpapiergeschäfte geht.

Was bedeutet der Aufstieg der Blockchain für die Nutzer, für alle Bürger gar? Im Moment droht der Idee des nach wie vor anonymen Bitcoin-Erfinders die Domestizierung durch Großkonzerne. Für eine dermaßen revolutionäre, aber eben auch komplizierte Idee bedeutet das, dass sie mehr Verbreitung finden wird. Konzerne werden die Blockchain in Systeme einbauen, die leichter zu bedienen sind als zum Beispiel Bitcoin. Andererseits könnte genau deshalb Bitcoin langfristig auch bedroht werden, nämlich wenn Banken und Zentralbanken mit Hilfe der Blockchain eine neue, staatlich kontrollierbare Online-Währung erschaffen. Die Blockchain würde überleben, aber die Revolution des Bankensystems, die sie derzeit noch ermöglicht, wohl kaum

Lange verhallte der berühmte Bill-Gates-Satz ungehört: "Bankgeschäfte sind notwendig, Banken sind es nicht". Doch spätestens seit Tausende digital ausgerichteter Finanz-Start-ups angetreten sind, die Bankenbranche mit neuen Angeboten zu revolutionieren, sind die etablierten Geldinstitute aufgewacht. Heute kooperieren sie mit diesen Fintech-Start-ups oder werkeln in Innovationslabors an Anwendungen für das Bankgeschäft auf dem Smartphone oder die Kreditvergabe über die Crowd. Das Wettrennen um die besten digitalen Angebote ist längst entbrannt.

Auch mit einer der wohl größten Gefahren für ihr Geschäftsmodell beschäftigen sich die Banken seit kurzem intensiv: Es handelt sich um die Blockchain-Technologie. Dahinter steht ein System, das bereits die digitale Krypto-Währung Bitcoin absichert und dessen Name sich von Antriebsketten aus der analogen Welt ableitet. Konkret handelt es sich um eine Art digitalen Kontoauszug für Transaktionen zwischen Computern, wobei jede Veränderung erfasst und - das ist das Besondere - dezentral und überprüfbar auf vielen

Rechnern gespeichert wird. Solche Informationen lassen sich dann nur schwer manipulieren.

Es ist wie mit dem Internet: Was damit möglich sei, konnte man zu Beginn nicht absehen

In einer ferneren Zukunft, so sagen viele Experten, könnte diese Technologie Banken zumindest teilweise überflüssig machen: Denn wenn man damit digitale Informationen verifizierbar macht, benötigt man theoretisch keine zentrale Instanz mehr, die sie verwaltet und für ihre Echtheit bürgt: Für Online-Zahlungen oder Kredite zwischen zwei Parteien seien dann womöglich keine Geldinstitute mehr nötig.

Sich diesem Schicksal zu ergeben, ist für die Banken jedoch keine Option. Während sie sich im Alltag um Kreditnehmer oder Börsenkandidaten balgen, haben sich nun 30 weltweit operierende Bankkonzerne unter dem Dach einer US-Fintech-Firma zusammengeschlossen. Ob Goldman Sachs, JPMorgan oder die Credit Suisse: Gemeinsam wollen sie herausfinden, wie sie sich die Technologie zunutze machen können, welche Standards dafür nötig sind und was bei der Bankenregulierung zu beachten ist. Fast wöchentlich stoßen neue Mitglieder dazu.

Auch Deutsche Bank und Commerzbank haben sich der Initiative namens R3 angeschlossen. "Meiner Meinung nach werden mit Blockchain viele Dinge möglich sein, die man sich jetzt noch gar nicht vorstellen kann", sagt Rhomaios Ram, der bei der Deutschen Bank weltweit für neue Produkte im Zahlungsverkehr zuständig ist. Die Entwicklung stehe zwar noch am Anfang: Die Blockchain-Technologie könne man aber mit der Erfindung des Internet vergleichen. In den neunziger Jahren habe sich auch kaum jemand die unzähligen Anwendungsfälle des Internet vorstellen können. Wenig später waren sie Alltag.

Fürs Erste geht es dabei für die Banken jedoch weniger um schicke, neue Angebote für die Kunden, sondern um das schnöde Thema Kosten. "Für die Banken ist Blockchain im Augenblick vor allem interessant, weil sie damit sehr viel Geld sparen können bei Systemen und Abläufen", sagt Sven Korschinowski, Experte für Zahlungsverkehr bei der Beratungsgesellschaft KPMG.

Bei Außenhandelsgeschäften oder anderen Zug-um-Zug-Geschäften müssten die Vertragsparteien heute immer noch Formulare ausdrucken und ausfüllen oder auf Sicherheiten warten. "Das könnte dank Blockchain einfacher, schneller und effizienter ablaufen", sagt Korschinowski. Manche Abläufe, die heute noch Tage dauern, würde dann binnen Minuten ausgeführt. Auch Wertpapiergeschäfte oder grenzüberschreitende Zahlungen könnten durch Blockchain beschleunigt werden. Der Thinktank der spanischen Bank Santander schätzt, dass die Banken damit bis 2022 jährlich Kosten in Höhe von 15 bis 20 Milliarden Dollar einsparen könnten.

Auch die Deutsche Bank experimentiert daher seit einigen Monaten mit der neuen Technologie. Innerhalb eines Pilotprojekts haben Rhomaios Ram und seine Leute gerade fiktiv Unternehmensanleihen über mehrere Blockchain-Technologien auf verschiedenen Kontinenten herausgegeben. Der Clou: Die Anleihe wird an den Investor ausgegeben, der automatisch seine Zinszahlungen erhält. Das Fazit: Die Technik funktioniere gut, nun jedoch müsse die Bank den regulatorischen Rahmen klären, also ob solche Anleihen auch rechtlich wirklich überall anerkannt würden.

Das Geschäftsmodell vieler Banken wird sich durch Blockchain verändern

Ob es am Ende wirklich sinnvoll sei, Unternehmensanleihen über Blockchain zu begeben, sei daher noch offen. Ram rechnet aber fest damit, dass die ersten Banken in den kommenden zwölf Monaten mit Anwendungsfällen an den Markt kämen. Innerhalb der nächsten zehn Jahre werde sich die Technik dann durchgesetzt haben.

"Das ist zwar keine Technologie, bei der am Ende nur einer als Gewinner übrig bleibt und alle anderen vom Markt verschwinden", sagt Ram, der bereits seit 20 Jahren bei der Deutschen Bank tätig ist. Blockchain werde aber das Geschäftsmodell vieler Banken verändern. Auch die vielen offenen Fragen der Technologie - oft sind es rechtliche - könnten bald gelöst sein, glaubt Ram. Nicht nur, weil Wagniskapitalgeber dort derzeit viel investieren, mittlerweile gibt es weltweit sogar mehr als 700 Start-ups, die an Lösungen für die Blockchain-Technologie arbeiten.

Zurücklehnen können sich die etablierten Institute daher nicht. "Die Banken haben früh und schnell erkannt, dass es Handlungsbedarf gibt", sagt Korschinowski. In Teilbereichen der Technologie könnten trotzdem jederzeit neue Konkurrenten heranwachsen, die ihnen dann das Geschäft streitig machten. Ganz im Sinne von Bill Gates.

Zukunftsweisende Nachrichten gingen zuletzt eher unter bei der Deutschen Bank. Drehte sich doch alles um Altlasten aus der Krise, Strafzahlungen oder zuletzt die schmerzhafte Suche nach einer neuen Strategie - den Verkauf der Postbank, die Schließung von 200 Filialen.

Tatsächlich gibt es bei Deutschlands größtem Kreditinstitut aber auch so etwas wie Zukunftsplanung. Ab Herbst will die Bank gleich an drei Standorten, in Berlin, London und im Silicon Valley Innovationszentren eröffnen und dort den engeren Austausch mit Fintechs suchen - jener Armada an Start-ups, die weltweit ins Geldgeschäft drängen. Sie sollen der Bank helfen, neue Produkte zu entwickeln, zum Beispiel bessere Apps für die Kontoführung und Vermögensverwaltung von Privat- und Firmenkunden oder neue Technologien, welche die digitalen Abläufe innerhalb der Bank verbessern. Laut einer aktuellen Studie von McKinsey gibt es inzwischen weltweit mehr als 12 000 solcher Fintechs, sie sitzen in London, im Silicon Valley, manchmal auch in Berlin.

Dass diese oft bessere Ideen haben, wissen die Banken längst, genauso wie inzwischen klar ist, dass der klassische Vertriebskanal Filiale bald weniger Kunden anlocken wird. Mehr noch: Die

IT-Systeme vieler Häuser sind veraltet, vieles wird noch händisch erledigt.

Das Ringen um die beste App für die Kontoführung hat längst begonnen

Seit einiger Zeit herrscht daher große Betriebsamkeit bei den Banken. Längst läuft ein Rennen darum, wer die beste Kontoführungs-App bieten kann oder die smarteste Methode für Überweisungen. Die interne Maßgabe in vielen Häusern: Die Fintechs mögen die besseren Ideen haben, technologisch aber gehören sie endlich überrundet oder zumindest eingebunden. Ein Pfund, mit dem die klassischen Banken schließlich immer noch wuchern können, ist ihre große Kundenbasis.

"Die Labore bilden eine Brücke zwischen Start-ups und den verschiedenen Geschäftsbereichen der Bank", sagt Henry Ritchotte, seit vergangenem Jahr Digital-Vorstand der Deutschen Bank. Dafür hat er sich große Ziele gesteckt: Einschließlich 2015 will die Bank in den Zentren jedes Jahr 500 Start-up-Ideen bewerten. Am Ende können Kooperationen stehen, vereinzelt auch Übernahmen von jungen Firmen.

Weit vorne ist die Deutsche Bank damit jedoch nicht. Während solche Innovationszentren in anderen Branchen wie der Telekom- oder IT-Branche seit Jahren Alltag sind, richteten in den vergangenen ein bis zwei Jahren weltweit zahlreiche Kreditinstitute Innovationslabore ein oder legten Fonds auf, die in Fintechs investieren: Als einer der profiliertesten Fintech-Investoren gilt etwa Spaniens Großbank BBVA. Immer wieder genannt werden auch die britischen Bankkonzerne HSBC und Barclays.

In Deutschland investiert auch die Commerzbank seit rund einem Jahr über eine Art Brutkasten für Start-ups und einen Wagniskapitalfonds gezielt in junge Fintech-Firmen. Etwas zögerlicher sind noch die Sparkassen, die zwar auch ein Innovationslabor ins Leben gerufen haben, das aber wegen noch ausstehender Beschlüsse erst 2016 richtig an den Start gehen kann.

Was die Deutsche Bank nun genau plant, ist noch etwas vage. Wer die Zentren leiten wird, sagte sie noch nicht, auch nicht, wie viel sie genau dafür investieren wird. Unterstützung für die Zentren holt sich das Institut nicht bei Wagniskapitalgebern, sondern bei großen Technologieunternehmen wie Microsoft, dem indischen IT-Dienstleister HCL und IBM.

Bei den Start-ups wird die Betriebsamkeit der Banken begrüßt, viele sind aber auch skeptisch. "In der Tat findet gerade ein Wandel statt. Die Banken gehen wirklich auf die Ideen der Fintechs ein und suchen bewusste Kooperationen. Wenn sie es gut machen, kann daraus etwas werden", sagt André Bajorat, Geschäftsführer des digitalen Bankdiensleisters Figo.

Oliver Vins, Gründer der Frankfurter Vermögensverwaltungs-Plattform Vaamo, sagt: "Die Initiative ist bestimmt ernst gemeint, klingt aber trotzdem noch recht unverbindlich. Da frage ich mich natürlich: was ist drin für die Start-ups? Warum sollten sie denn in den Laboren mit der Bank zusammenarbeiten?".

"Es gibt bald mehr Banken, die Start-ups suchen als umgekehrt", sagt ein Experte

Ein weiteres Problem: "Durch die inflationäre Zunahme dieser Abteilung gibt es bald mehr Banken, die Start-ups suchen als umgekehrt", sagt der Schweizer Fintech-Experte Marc Bernegger, der für den Fonds Orange Growth Capital selbst in Banken-Start-ups investiert. Das führe auch dazu, dass viele Newcomer gar nicht mehr so interessiert seien, denn eigentlich wollten sie ja mit ihren Ideen selbst erfolgreich durchstarten, sagt Bernegger.

Immerhin aber kann die Deutsche Bank mit einem schönen Standort locken. So wird zumindest das Berliner Zentrum nicht in einem schnöden Industriegebiet untergebracht, sondern auf immerhin 550 Quadratmetern in Berlin-Mitte am Hackeschen Markt.

Blockchain ist ein englischer Begriff, der häufig im Zusammenhang mit der digitalen Währung Bitcoin genannt wird. Wörtlich übersetzt bedeutet der Begriff so viel wie „Kette aus Blöcken". Auf die virtuelle Welt übertragen setzt sich diese „Kette aus Blöcken" aus Transaktionen aller Menschen zusammen, die mit einer Kryptowährung wie Bitcoins bezahlt haben. Damit gleicht Blockchain einer riesigen Datenbank, die von einem dezentralen Netzwerk verwaltet wird.

Blockchain – Transaktionen über eine dezentrale Datenbank

Ein Blockchain lässt als dezentrale Datenbank beschreiben, in der eine permanent anwachsende Liste von Transaktionsdatensätzen gespeichert wird. Die Anlehnung des Begriffs an die englische Bezeichnung für das Wort „Kette" erfolgt nicht zufällig. Im Grund gleicht die Datenbank einer Kette, an deren Ende ständig neue Glieder hinzugefügt werden. Sobald ein Block vollständig ist, wird ein weiterer auf der Grundlage des vorhergehenden Datenblocks erzeugt. Auf diese Weise entsteht ein Netzwerk aus Datensätzen, die dezentral wie ein Buchhaltungssystem verwaltet werden. Da zahlreiche Rechner die Verwaltungsaufgaben für Blockchain übernehmen, verfügt die Technologie über hohe Sicherheitsstandards. Entwickelt wurde das Zahlungssystem mit der Einführung der digitalen Währung Bitcoin. Die Kryptowährung kann sowohl zur Bezahlung im Internet als auch in der realen Welt genutzt werden, sofern Produzenten und Dienstleister Bitcoins als Zahlungsmittel akzeptieren.

Bitcoin – die digitale Währung

Bitcoins wurden im Jahr 2009 als digitales Zahlungsmittel eingeführt. Die Verwendung basiert auf einem Netzwerk angeschlossener Teilnehmer und einer Blockchain. Zu den Vorteilen der Kryptowährung gehören unter anderem die deutlich geringeren Transaktionsgebühren, als sie andere Online-Payment-Anbieter verlangen. Bitcoins werden, anders als Euro oder US-Dollar, nicht von der Zentralbank eines Landes oder einer Währungszone ausgegeben. Die zentralen Institutionen können die virtuelle Währung weder steuern noch kontrollieren. Bitcoins gibt es nicht als physikalisch vorhandenes Geld in Form von Münzen oder Scheinen. Die digitale Währung existiert nur als Kontostand, der von einem Buchhaltungssystem verwaltet wird. Aufgrund der zunehmenden Bedeutung von Bitcoins im Zahlungsverkehr wird für die Verwaltung der Blockchain ein ganzes Netzwerk aus dezentral stationierten Rechnern genutzt.

Auswirkungen auf die Finanzbranche

Blockchain und digitale Währungen wie Bitcoins könnten für die gesamte Finanzbranche einen radikalen Umbruch bedeuten. Verschleierte Transaktionen, die über eigens dafür eingerichtete Konten laufen, könnten mit der Nutzung dieser Technologie bald der Vergangenheit angehören, da jeder Geldfluss durch die Blockkette lückenlos dokumentiert wird. Das Umgehen von Sanktionen oder Steuerhinterziehungen könnte leicht aufgedeckt werden. Es ist also eine Selbstverständlichkeit, dass sich Banken mit der Technologie des Blockchains befassen. Die Einführung dieser Technologie ermöglicht das Bereitstellen sämtlicher Transaktionsdaten auf Knopfdruck und gewährleistet eine lückenlose Beweiskette. Darüber hinaus sind sich die Geldinstitute weltweit auch der Gefahren bewusst, die der Branche durch die verbreitete Nutzung der Kryptowährung drohen. Da Bitcoins von allen Nutzern kontrolliert werden, werden Zentralbanken ihrer wichtigsten Funktion beraubt und damit überflüssig.

Neue Einsatzgebiete für Blockchain

Fieberhaft arbeiten kreative Start-ups und junge Unternehmen an einem Ausbau der Nutzung von Blockchains. Erste Entwürfe gehen von vielfältigen Einsatzgebieten, wie die Grundbuchführung, Überwachung von Vertragsinhalten oder die Einhaltung der Rechtslage bei Musikdownloads aus. Um Blockchains in diesen Segmenten nutzen zu können, müssten kleine, private Systeme installiert werden, zu denen nur ein begrenzter Personenkreis Zugang erhält. Selbst im Bereich Kunst-, Edelstein- und Wertpapierhandel wäre es vorstellbar, Blockchains einzusetzen. Durch die lückenlose Dokumentation sämtlicher Käufe und Verkäufe könnte Betrug nachhaltig eingedämmt werden. Straftaten wie Diebstahl, Geldwäsche, Insiderhandel oder Versicherungsbetrug könnte effizient entgegengewirkt werden, da das Fälschen von Zertifikaten und Unterlagen in der Blockchain keinen Erfolg mehr verspricht.

Derzeit ist Blockchain das wohl meist diskutierteste Thema in der Finanz- und Bankenwelt. Mehr denn je erfordert eine nachhaltige Positionierung im Finanzsektor das Umsetzen von Innovationen sowie die Fähigkeit zu kontinuierlichem Wandel. Inzwischen sind mehr als 2/3 aller Banken im Bereich dieser jungen und schnell wachsenden Technologie engagiert. Das verwundert nicht: die Kosteneinsparungen innerhalb der Banking Infrastruktur betragen laut einer Studie der Santander Bank bis zu 20 Milliarden US-Dollar bis 2022.

Investment Banking
Asset and Wealth Management
Financial/Enterprise Infrastructure

Capital Markets Infrastruktur (Exchange / Trading / Marketplaces)

Financing and Lending

Payment Services & Wallets

Identity Management

Compliance / Regulatory / Security

Digital Currency (Exchange, Trading and Mining)

Trade Finance & Internet of Things (IoT)

Intellectual Property & Content Management

Blockchain Apps & Smart Contracts

Neben exklusiven Inhalten in Studienform können die Researchpakete mit unserem Datensatz (blockchain.koeln) ausgeliefert werden (z.B. detaillierte Datenübersichten je Anbieter in dem entsprechenden FinTech-Segment). Neben unserem standardisierten Studienangebot können alle Daten und Informationen ebenfalls im Zusammenhang mit unternehmenspezifischen Fragestellungen analysiert und im Studienformat ausgeliefert werden.

Ein junger Mann aus Russland gibt der Finanzwelt derzeit große Rätsel auf. Das Dilemma der Branche: Entweder sie ignoriert seine Ideen und wird von der Technik, die er entwickelt, überflüssig gemacht. Oder sie nutzt seine Ideen und zerstört dadurch ihr bisheriges Geschäftsmodell. Es ist fast wie in einer griechischen Tragödie. Moderner ausgedrückt: Es handelt sich um das klassische Disruptions-Dilemma. Vitalik Buterin ist erst 21 Jahre alt. Doch mit seiner Technologie der Blockchain erschüttert er das globale Finanzsystem. Die übergeordnete Idee seiner Blockchain ist es, einen weltweiten Austausch von Werten zu ermöglichen – ohne einen Oberaufseher, komplizierte Verifizierungsverfahren oder Gebühren. Aber genau von diesen Vorgängen leben viele Banken.

Die Idee des Blockchain ist durch die virtuelle Währung Bitcoin entstanden. Aber sie hat das Potenzial, weit mehr als nur das Finanzsystem zu verändern. Bei Zahlungsvorgängen mit Bitcoins müssen im Gegensatz zu anderen Methoden keine Informationen wie Kartennummern, Namen oder Adressen preisgegeben werden. Auch fallen fast keine Gebühren an, von denen zum Beispiel Kreditkartenunternehmen derzeit sehr gut leben. Buterin sagt in einem Bericht von Capital: „An dem Tag, als ich mir Bitcoin genauer ansah, verstand ich, dass Zahlungen ohne Mittelsmänner möglich sind." Das klingt in den Ohren der Banken wie der Todesstoß für ihr Geschäft.

Diese Einsicht des jungen Mannes, der inzwischen in der Schweiz mit einigen Programmierern an seiner Idee arbeitet, hat die Finanzinstitute ziemlich unruhig gemacht. Inzwischen beschäftigen sie sich selbst intensiv mit Blockchain. Doch Buterin hat längst erkannt, dass Blockchain mehr ist als ein dezentrales Buchungssystem für die Finanzwelt. Das Prinzip lässt sich auch auf den Verkauf oder Erwerb von Autos, Häusern oder Aktien übertragen. Eigentlich für jede Art von Vertrag. Wenn das tatsächlich möglich sein sollte, ginge es nicht nur Finanzinstituten an den Kragen.

Wenn heute jemand eine Wohnung kauft, kassieren zum Beispiel immer auch Notare, Städte und Gemeinden mit. Sie lassen sich den Aufwand, Wertübertragungen zu dokumentieren, teuer bezahlen. Auch die Art und Weise, wie heute Verträge zustande kommen oder Urheberrechte verwaltet werden, könnte sich dramatisch verändern. Digitale Verträge könnten ihre Aktionen in Zukunft selber ausführen. „Smart Contracts" heißt das in der Fachsprache. Einen Oberaufseher für ihre Einhaltung bräuchte es dann nicht mehr.

Die Digitalisierung, derzeit auch in der Gestalt von Blockchain, sorgt weiter und immer schneller dafür, dass durch Technologie Macht und Kontrolle von zentralen Autoritäten auf die Massen der Anwender und Netzwerke übertragen werden, die sich in Zukunft selber kontrollieren. Buterin ist ein Verfechter dieser freiheitlichen Marschroute, wenn es um die Entwicklung des Internets geht. Er und seine Organisation „Ethereum" arbeiten an einem hochdisruptiven Ansatz, der Auswirkungen haben könnte, deren Tragweite wir heute noch gar nicht überblicken.

Was ist Blockchain?

„Die Blockchain ist ein digitaler Kontoauszug für Transaktionen zwischen Computern, der jede Veränderung genau erfasst, sie dezentral und transparent auf viele Rechner verteilt speichert. Damit ist die Information nicht (oder nur mit ungeheurem Aufwand) manipulierbar und verifiziert."

Identitätsmanagement und digitale Vermögenswerte.

Um im Blockchain-Netzwerk und an Transaktionen und Smart Contracts teilnehmen zu können, ist eine digitale Identität erforderlich, die derjenigen Person eindeutig zugewiesen ist. Dies kann zum Beispiel eine offizielle Behördenidentität, oder auch eine eigene Spieleridentität sein. Das Startup Shocard arbeitet bereits an Identitäts-Services für Finanzdienstleister, Reise- und E-Commerce-Anbieter.

Zusätzlich zu grundlegenden persönlichen Angaben können von den entsprechenden Institutionen außerdem Eigentumsrechte, Gesundheitsdaten, Bildungsabschlüsse und auch Testamente auf der Blockchain eingetragen werden.

Personen kontrollieren den Zugang zu ihren Daten.

Oder: Personen sind die Gatekeeper ihrer Daten. Diese sind sicher verwahrt und können nur von befugten Personen eingesehen werden. Jeder Nutzer behält die Kontrolle über seine persönlichen Daten; behält die Hoheit über die eigene Privatsphäre. Nicht ein Weltkonzern legt die Privatsphäre-Bestimmungen fest, sondern die Nutzer geben die Daten Preis, die sie für einen bestimmten Service als notwendig erachten. Sie können beispielsweise ganz freiwillig ihre Gesundheitsdaten internationalen medizinischen Forschungsprojekten zur Verfügung stellen. Damit erlangt der Einzelne die Macht über seine persönlichen Daten zurück.

Identitätsnachweis in Notsituationen.

Wer kann meine Identität bestätigen, wenn ich gezwungen bin, mein Zuhause, mein Land in einer Extremsituation zu verlassen? Was passiert, wenn Dokumente verloren gehen oder vernichtet werden? Die schnelle Feststellung von Identitäten ist eine der größten Herausforderungen bei Flucht und kann die Zusammenarbeit mit Behörden oder Hilfsleistungen durch humanitäre Organisationen deutlich vereinfachen und beschleunigen. Viele Unklarheiten, bürokratische Hürden könnten überwunden werden, wenn etwa durch biometrische Merkmale Personen eindeutig identifiziert werden könnten.

Bitnation geht mit der Initiative „Bitnation Refugee Emergency Response" bereits in diese Richtung, indem sich Familienmitglieder ihr Verwandtschaftsverhältnis gegenseitig bestätigen können.

Das Start-up ShoCard shocard.com aus Palo Alto bietet einen Service zur Benutzerauthentifizierung auf der Basis einer Blockchain-Infrastruktur an. Der Service wird von Banken, Onlinehändlern, Fluggesellschaften oder Webseitenbetreibern in ihre Browser- oder Smartphone-Anwendung integriert. Institutionen und Nutzer laden relevante Dokumente wie die Bonitätsnote oder Reisepässe hoch, die dann von befugten Dritten abgerufen werden können. Die Authentifizierung erfolgt sowohl anhand dieser im System verschlüsselten Informationen als auch anhand biometrischer Daten, beispielsweise durch eine Gesichtserkennung.

Blockchain und das Urheberrecht
Übermorgen mit der Blockchain

Services auf der Blockchain haben dazu geführt, dass im digitalen Raum endlich eine faire Honorierung von Urheberrechten gewährleistet wird. Die Verbreitung von digitalen Inhalten, beispielsweise von Songs, GIFS, Software, 3D-Modellen, VR-Spielen oder Logos wird in Echtzeit nachverfolgt und präzise abgerechnet. Abomodelle, wie etwa die monatlichen Flatrates für digitale Unterhaltungsangebote, wurden in eine Pay-Per-Use-Lösung überführt, die dank der Blockchain-Technologie Transparenz für Rezipient und Produzent versprechen.

Es herrscht Fairness. Für kleine und große Labels gelten dieselben Regeln; es gibt keine Mauscheleien und die Gepflogenheiten der Old Economy zerbröckeln. Alles beginnt wieder bei Null. Ein globales Digital Rights Management entsteht.

Die Emanzipation der Urheber.

Was digitales Urheberrecht betrifft, ist das Internet ein rückständiger Ort. Grauzonen, Insellösungen, Intransparenz – und all dies in der Regel zulasten der Urheber geistigen Eigentums. Die Unzulänglichkeiten des aktuellen Systems sind nicht beschränkt auf die Musikindustrie. Produzenten von digitalen Inhalten, welche durch verschiedene Kanäle fließen, haben dasselbe Problem: Es fehlt an adäquater und zuverlässiger Vergütung.

Lösungen aus dem B2C-Bereich – Paywalls, Micro-Zahlungen, Abomodelle für Nachrichten-Websites oder Streaming-Angebote – eignen sich nur bedingt. Im B2B-Bereich sieht es noch komplizierter aus: Vertragsdiskussionen um Lizenzierungen mit zahlreichen Stakeholder beschäftigen die Verlage und Produktionsfirmen. Es fehlt an einer plattformübergreifenden Lösung, die vor allem eins ist – fair.

Direkte Künstler-Fan-Beziehung.

Ähnlich wie beim Thema Identität können Lösungen auf der Blockchain den Urhebern geistigen Eigentums die Macht zurückgeben und sie direkt mit ihren Fans/Nutzern verbinden. Mit programmierten Verträgen könnten Künstler festlegen, zu welchen Konditionen ihre Songs von Fans gehört oder von Produzenten in einem neuen Film verwendet werden dürfen. Die Künstler sind unabhängig und bestimmen die Regeln selbst. Sie können sich direkt mit ihren Fans verbinden und schaffen einen Mikromarkt nur für ihre Kunst.

Das neue Ökosystem ist bereits im Beta-Stadium.

Man findet bereits einige interessante Lösungen, die sich den oben genannten Herausforderungen stellen. Die Plattform PeerTracks bietet, neben einem Musik-Streaming-Service, Nutzern der Plattform an, Wertmarken von Künstlern zu erwerben. Die Anzahl dieser Wertscheine pro Künstler ist limitiert, sodass sich ihr Wert nach der Nachfrage richtet.

Diese Wertscheine können gehandelt oder beispielsweise in VIP-Tickets umgetauscht werden: Kauft ein Fan einer jungen unbekannten Musikgruppe recht früh deren Wertmarken, wird er sich freuen, wenn die Band zu den neuen Rolling Stones avanciert. Ebenso erwähnenswert sind die Blockchain-Start-ups Ujo Music, die Mediachain Attribution Engine, die ein neuer fairer Markt für Stockfotos werden will, oder Decent, eine digitale Rechteverwaltung für Autoren, Journalisten oder Blogger.

Das Start-up Peertracks hat einen Musikstreamingdienst lanciert, der eine direkte Bezahlung von Künstlern auf der Basis der Blockchain ermöglicht und ihnen so 95 Prozent der Einnahmen garantiert. Nutzer erhalten Zugriff auf den gesamten Katalog ohne Werbeunterbrechungen und können neue Künstler entdecken und mit Wertmarken der Künstler handeln. Als Basis dient eine vom Peer-to-Peer-Netzwerk MUSE speziell für die Musikindustrie entwickelte Blockchain. Die Bezahlung wird beim Anhören von Titeln innerhalb von Sekunden automatisch ausgeführt und zwischen allen Urheberrechtsinhabern geteilt.

Die digitale Währung Bitcoin ist die erste Anwendung einer Technik, die vieles Probleme des Internet lösen könnte: Blockchain hat den Vorteil, dass es nicht der Kontrolle Einzelner unterliegt. Und Entwickler arbeiten bereits an einer Art Welt-Computer.

Intelligente Verträge, manipulationssichere Wahlen oder Privatsphäre im Netz: Werden mit Blockchain bestehende Technologien auf den Kopf gestellt?

Bitcoins sind erst der Anfang. Die digitale Währung ist nur die erste Anwendung einer Technik, die vieles im Internet umkrempeln könnte. Blockchain heißt das zugrundeliegende Prinzip, und leider ist es genauso sperrig wie es sich anhört. Aber man muss es vielleicht gar nicht ganz genau verstehen, um zu begreifen, dass die Blockchain viele Probleme lösen kann, die es im Netz heute gibt. Die Blockchain lässt sich nicht abschalten und unterliegt nicht der Kontrolle einzelner Firmen oder Behörden. Sie erlaubt den sicheren Austausch von Geld, aber auch von allen möglichen anderen virtualisierbaren Dingen. Jede Transaktion wird für immer in der Blockchain protokolliert.

Blockchain gehört die Zukunft

Welche Auswirkungen das genau auf die Wirtschaft und Gesellschaften haben wird, auf die Art und Weise, wie wir das Internet nutzen? Schwer zu sagen: An die besten Anwendungen hätten sie selbst wahrscheinlich noch gar nicht gedacht, erklären die Entwickler. Aber sie sind sich sicher: Der Blockchain gehört die Zukunft. Zum Beispiel in Form eines Welt-Computers, genannt Ethereum, der omnipräsent ist wie Äther, an keine spezifischen Geräte gebunden ist und der nicht von Nutzern verlangt, einer einzelnen Institution zu vertrauen.

Die Anhänger der "Cryptocurrency" wollen eine unkorrumpierbare Währung schaffen, die nicht mehr an zentraler Stelle gehortet und von Banken verwaltet wird. Welche Konflikte und Debatten sich um Bitcoins und Co. ranken, analysieren Michael Casey und Paul Vigna.

Es wäre ungewöhnlich, wenn mit einer neuen Technologie nicht sogleich eine alte utopische Hoffnung einherginge. Auch die Diskussion um das virtuelle Geld kann sich dem nicht entziehen.

"Im Grund ermöglicht diese Technologie eine Form der sozialen Organisation, die das Potential hat, den Machteliten die Kontrolle über das Geld und die Information zu entziehen, um sie in die Hände der Menschen zu legen, in die sie gehört" (S.9)

... schreiben die Journalisten Michael Casey und Paul Vigna gleich zu Beginn des Buches.

Der Optimismus gründet sich auf die dezentrale Organisation und Verteilung der Grundbücher, also der Schuldscheine, die für jeden gleichermaßen einsehbar und immer auf dem neuesten Stand sind und nicht mehr an zentraler Stelle gehortet und im eigenen Nutzen — etwa einer Bank — verwaltet werden. Diese netzwerkbedingte Gleichheit aller Teilnehmer, lässt die Bitcoins als Chance für eine universelle Währung erscheinen.

Die beiden Autoren haben es sich zur Aufgabe gemacht, die Konflikte und Debatten zu beschreiben, die sich um Bitcoins und Co. ranken. Auf den 400 Seiten wird die bislang kurze und doch schon recht wechselvolle Geschichte umfassend dargestellt.

Technisches Wettrüsten

Der interessierte Leser bekommt einen sehr guten Einblick, wie engagiert die Kryptogemeinde, also die Verschlüsselungsexperten im World Wide Web dabei ist, eine unkorrumpierbare Währung zu schaffen, die nicht mehr nur allein auf das Vertrauen in Institutionen, etwa den Banken, sondern durch ihren Algorithmus und das allgegenwärtige öffentliche Grundbuch gar nicht korrumpiert werden kann, weil die monetären Schuldverhältnisse jederzeit für alle einsehbar sind.

Michael Casey, Paul Vigna: "Cryptocurrency" (Econ Verlag)Doch trotz dieser überzeugenden Idee haben auch die virtuellen Münzen einen Haken, der sich für unbescholtene Nutzer schnell als Nachteil erweisen kann: Die beschränkte Rechenleistung. Dem technischen "Wettrüsten" widmen die Autoren ein eigenes Kapitel, in dem die steigende Rechenleistung und Cloud-Strategien als Erfolgsgaranten für die Schöpfung des elektronischen Geldes beschrieben werden.

Ende August 2014 waren beispielsweise 44 Prozent aller im Umlauf befindlichen Bitcoins nur 1528 Adressen zugeordnet mit einem umgerechneten Guthaben von jeweils über 500.000 Dollar.

"Diese Elite hat einen verhältnismäßig großen Einfluss auf die Bitcoin-Wirtschaft. Sie ist sehr daran interessiert, dass sich die Währung allgemein durchsetzt, und um die Akzeptanz von Bitcoin zu fördern, ist sie gewillt und in der Lage, Ausgaben zu machen, vor denen andere zurückschrecken würden." (S.187-188)

Eine ziemlich ernüchternde Bilanz nach nur sechs Jahren. Hatten die Autoren in den ersten Kapiteln beim Ausflug in die Währungsgeschichte immer wieder auf die doch so verwerfliche Vermachtung der Geldverhältnisse durch Banken und Institutionen hingewiesen und die Bitcoins als potentiellen Gegenentwurf gepriesen, der die Gleichheit aller Teilnehmer garantiere. Von diesem Gedanken sollte sich tunlichst verabschieden, wer von einem herrschaftsfreien Geldverkehr träumt.

Ruf nach verbindlicher Regulierung

Das Anarchisch-Unregulierte der neuen Währung, das haben findige Geschäftsleute schnell entdeckt. Drogen- und Pornohandel waren die ersten großen Dealer, die den unkonventionellen neuen Weg für sich erkannt hatten und für eine ganze Weile unentdeckt ihren Geschäften nachgehen konnten. Kein Wunder, dass die Kryptogemeinde notgedrungen nach verbindlicher − vielleicht sogar staatlicher − Regulierung ruft, um die Geldalternative nicht im anarchischen Wildwuchs untergehen zu lassen:

"Die Entscheidung kann die Bit-Community nicht alleine fällen. Die gesamte Gesellschaft ist von diesen Fragen betroffen und muss sie beantworten. (...) Wir, die Bürger, Wähler und wirtschaftlichen Akteure in der entstehenden Gesellschaft müssen entscheiden, welche Rolle diese Technologie spielen (...) soll." (S.306)

Keine Frage, die Autoren gehören trotz aller Kritik zur Bitcoin-Gemeinde und sie halten trotz aller Negativschlagzeilen, die es in den vergangenen Jahren gab, an der technologischen Währungsalternative fest. Da hilft es auch wenig, dass das bisherige Zahlungsverfahren recht beschränkt ist und beispielsweise nur sieben Transaktionen pro Sekunde zulässt, so dass man letztlich nur von einem Nischenprodukt sprechen kann.

Selbst bei optimistischer Betrachtung sind derzeit nicht mehr als zwölf Millionen mit Bitcoins gefüllte elektronische Geldbörsen unterwegs, die von 100.000 Händlern weltweit akzeptiert werden. Bei sieben Milliarden Menschen und allein 23 Millionen Unternehmen in den USA nicht mehr als eine Randerscheinung.

"Dennoch befindet sich Bitcoin eindeutig in der besten Ausgangslage, um sich in die Kryptowährungsplattform für das globale Transaktionssystem zu verwandeln." (S.348)

Herrschaftsfreie Währung? Das bleibt Utopie

Eine utopische Hoffnung, unzweifelhaft. Längst sind auch andere marktmächtige Unternehmen wie Google oder Apple mit ihren eigenen elektronischen Bezahlsystemen auf dem Weg und deren Größe wird in den kommenden Jahren einen erheblichen Einfluss auf die weitere Entwicklung haben.

Unzweifelhaft hat die Bitcoin-Initiative wichtige Grundlagen für die elektronischen Währungen gelegt, an denen künftige Modelle sich orientieren werden. Aber schon die Kinderschuhe zeigen, dass die macht- und herrschaftsfreie Währung auch im elektronischen Zeitalter eine Utopie bleiben wird. Maschinen mögen unkorrumpierbar sein. Nicht aber die Menschen, die sie bedienen und programmieren.

Michael Casey, Paul Vigna: Cryptocurrency
Wie virtuelles Geld unsere Gesellschaft verändert
Aus dem Amerikanischen von Stephan Gebauer
Econ Verlag Berlin, Februar 2015
400 Seiten, 19,99 Euro, auch als ebook

Kryptowährungen Digitale Goldgräber

Bitcoins genießen nicht den besten Ruf. Doch die Technologie dahinter könnte die Finanzbranche revolutionieren – und die Art, wie wir Verträge schließen und wie wir bezahlen.

Vitalik Buterin ist 21 Jahre alt, lebt noch bei seinen Eltern, und manche sagen, er sei ein Genie. Mit zehn Jahren begann er, Programmiersprachen zu lernen. Er mochte auch Computerspiele, aber die Jagd nach Punkten war ihm zu langweilig. Also programmierte er eine neue Version des Klassikers "Space Invaders".

Mit 17 fing Buterin an, sich für Bitcoin zu interessieren, jene Internetwährung, die vor sechs Jahren entstand und ganz ohne etablierte Banken oder Währungshüter auskommt. Dem begabten jungen Mann fielen dabei so viele Schwächen auf, dass er kurzerhand begann, eine neue Kryptowährung zu entwickeln. Heute ist der Sohn russischer Emigranten, der in Toronto aufwuchs, Chef eines internationalen Softwareprojekts, das schon vor seinem offiziellen Start für Furore sorgt – unter dem Namen Ethereum, der an die Idee des "Äthers" erinnert.

Goldman Sachs spricht in einer vor zwei Wochen publizierten Studie von einem "Megatrend", der die "Zukunft des Finanzwesens" umkrempeln könnte. Zwei Autoren des gemeinhin eher konservativen "Wall Street Journal" prophezeien in ihrem gerade erschienenen Buch "Cryptocurrency" gar eine "Revolution", die "das etablierte Finanzsystem alt aussehen lassen" könnte. Selbst die ehrwürdige Bank of England attestiert der Technologie hinter Bitcoin, eine "echte Innovation" zu sein.

Blockchain wird einen erheblichen Einfluss auf die Finanzindustrie haben und das Geschäftsmodell von Banken und Versicherungen grundlegend verändern. Doch um die Vorteile zu realisieren, müssen die Akteure noch viel tun

Blockchain hat das Potenzial, den Finanzsektor zu revolutionieren, indem es Geschäftsmodelle transformiert, Gegenparteien neu verbindet und Effizienzgewinne generiert. Aber alle Akteure müssen noch viel tun, bevor der Nutzen der zugrunde liegenden Technologie vollständig realisiert wird.

Im wesentlichen hat Blockchain das Potenzial, beispielsweise Handelsprozesse effizienter zu gestalten, die regulatorische Kontrolle zu verbessern, unnötige Zwischenhändler zu eliminieren, traditionelle vertrauenswürdige Drittanbieter-Funktionen zu ersetzen oder die IT der Banken erheblich zu verschlanken.

Blockchain ist eine Chance für die Branche, die bestehenden Bankeninfrastrukturen grundlegend zu überdenken. Zu verstehen, wie die Organisation in Zukunft aussehen könnte, ist die Grundlage dafür, mit der rasanten Entwicklung von IT und Datennutzung in der heutigen Zeit umgehen zu können.

Blockchain wird einen wesentlichen Einfluss auf den Kern der Finanzindustrie haben. Es wird die etablierten Prinzipien von Governance und Wertschöpfung verändern. Es ist jedoch kein Phänomen, welches das Ende der Ära von Banken und anderen Finanzmarktakteuren durch die zumeist von Start-ups getriebenen Innovationen einläutet. Denn während einige Start-ups tatsächlich etablierte Geschäftsmodelle bedrohen können, gibt es auch Finanzakteure, die ihre Marktposition verteidigen werden.

Neben ihren Bemühungen um eine höhere Effizienz, sind Finanzorganisationen wie Börsen, Verrechungsstellen sowie Wertpapierzentralverwahrer ständig auf der Suche nach neuen Möglichkeiten - durch experimentelles Arbeiten mit der Blockchain-Technologie. Zahlreiche Banken haben hier bereits handlungsfähige Ansätze entwickelt.

Die Nachrüstung bestehender Technologien mit auf Blockchain-Prinzipien beruhenden Technologien wird aufgrund der unterschiedlichen Strukturen nicht zu entscheidenden Vorteilen führen. Das aktive Annehmen von digitalen Technologien führt zu einer verbesserten Entscheidungsfindung. Um dies zu erreichen, muss es jedoch zunächst ein Umdenken im Top Management der jeweiligen Organisation geben.

Blockchain-Technologie (BaFin Heinz Duthel)

Blockchains sind fälschungssichere, verteilte Datenstrukturen, in denen Transaktionen in der Zeitfolge protokolliert, nachvollziehbar, unveränderlich und ohne zentrale Instanz abgebildet sind. Mit der Blockchain-Technologie lassen sich Eigentumsverhältnisse direkter und effizienter als bislang sichern und regeln, da eine lückenlose und unveränderliche Datenaufzeichnung hierfür die Grundlage schafft.

Einführung in die Blockchain-Technologie
Tabellen als Analogie

Eine stark vereinfachte und verkürzte Möglichkeit, sich den grundsätzlichen Aufbau von Blockchains vorzustellen, bildet eine verteilte Tabelle. Diese Tabelle wird über ein Netzwerk aus zahlreichen Computern vervielfacht und verteilt. Dieses Netzwerk von Computern dient bei der Blockchain-Technologie dazu, diese Tabelle regelmäßig fortzuschreiben und Änderungen zu dokumentieren. Somit existieren Informationen, die in einer Blockchain gespeichert sind, als verteilte und kontinuierlich abgeglichene Tabelle oder Datenbank. Diese Form der Nutzung von vernetzten Computern bedingt einige Besonderheiten: Die Blockchain-Datenhaltung findet nicht nur an einem Ort statt, sondern auf jedem der Computer im Netzwerk. Dadurch erhöht sich insbesondere die Ausfallsicherheit. Daneben sind die in der Blockchain enthaltenen Daten im Falle von Bitcoin öffentlich und für jeden Netzwerk-Teilnehmer einfach zu überprüfen. Es existiert keine zentrale Instanz der Blockchain, die ein möglicher Angreifer beschädigen oder unerlaubt verändern könnte.

Zusammenarbeit

Die Unterschiede der Blockchain-Technologie zu bekannten Verfahren lassen sich durch eine Analogie zu Online-Collaboration-Tools darstellen. Der traditionelle Weg, elektronische Dokumente mit Geschäftspartnern zu teilen, besteht darin, einem Empfänger ein Dokument zuzusenden mit der Bitte, dieses zu überarbeiten. Der Absender muss dann auf die Überarbeitung und Zurücksendung der Kopie des Dokuments warten, bevor er Änderungen sehen oder selbst weitere Änderungen vornehmen kann. Während der Wartezeit ist eine Bearbeitung also ausgeschlossen. Einen Gegenentwurf dazu stellen beispielsweise webbasierte Online-Dienste zur Erstellung von Textdokumenten dar. Dokumente können dabei von mehreren Benutzern gleichzeitig bearbeitet werden. Hierbei haben alle Parteien zur selben Zeit Zugang zum selben Dokument und eine einzige Version dieses Dokuments ist stets für alle sichtbar. Im Gegensatz zur Blockchain wird das Dokument hier jedoch von einer zentralen Stelle verwaltet.

Datenstrukturen

Anders ausgedrückt bilden Blockchains eine Datenstruktur, durch die ein auf viele Teilnehmer verteilter Zustand (z.B. Kontostand) gemeinsam verändert werden kann (z.B. Transfer von Guthaben). Dabei wird die Einheitlichkeit und Fälschungssicherheit gewährleistet, indem die einzelnen Transaktionen bestätigt werden. Auf welche Art der geteilte Zustand ermittelt wird, hängt insbesondere vom verwendeten Konsens-Mechanismus ab. Die Fälschungssicherheit wird durch den Einsatz aktueller kryptografischer Verfahren sichergestellt. Durch eine Vielzahl von separaten und vernetzten Teilnehmern (Knotenpunkten) werden die Datenstrukturen verteilt und gleichzeitig eine hohe Verfügbarkeit und Ausfallsicherheit gewährleistet. Änderungen in der Blockchain werden durch Konsens-Mechanismen durchgeführt und dann von allen Knoten übernommen. Hierbei gibt es verschiedene Ansätze, um unberechtigte Änderungen zu verhindern.

Grundsätzlich können die Teilnehmer Kontostände einsehen und sich alle Aufzeichnungen über sämtliche Vorgänge aller Teilnehmer ansehen.

Die Blockchain-Technologie ist verhältnismäßig neu. Die Technik und die Anwendungsmöglichkeiten werden sich noch weiterentwickeln. Neben Chancen werden dabei auch neue Risiken auftreten.

Differenzierung der Begriffe Bitcoin, Blockchain und Distributed Ledger Technology (DLT)

Bitcoin war die erste dezentrale, virtuelle, digitale Währung (Kryptowährung), die eine erfolgreiche Umsetzung der Blockchain-Idee gezeigt hat. Die Blockchain bildet hierbei nur das technische Rahmenwerk, in dem Bitcoin implementiert ist. Bitcoin ist also nur ein möglicher Anwendungsfall der Blockchain-Technologie, diese wurde aber als Rahmenwerk vor allem durch Bitcoin bekannt.

Auch wenn der weitere breite Markterfolg von Bitcoin unter anderem wegen technischer Beschränkungen noch offen ist, hat das Konzept der Blockchain-Technologie in vielen Bereichen Anklang gefunden.

Im Zusammenhang mit der Blockchain-Technologie findet sich häufig der Begriff Distributed Ledger Technology (DLT). Eine mögliche Übersetzung von Distributed Ledger ist „verteilte Hauptbücher". Mit DLT wird das technologische Rahmenwerk um den Einsatz verteilter Hauptbücher bezeichnet. Blockchains bzw. Distributed Ledger können jedoch für viele weitere Anwendungen und Aufzeichnungen neben Bitcoin verwendet werden, wie z.B. die Verwaltung digitaler Identitäten. Nicht selten findet sich in Wissenschaft und Praxis eine synonyme Verwendung der Begriffe Blockchain-Technologie und Distributed Ledger Technology.

Netzwerkknoten

Am Beispiel von Bitcoin soll der Aufbau des Netzwerks verdeutlicht werden: Ein Netzwerk von Computern, die als Knoten oder Englisch Nodes bezeichnet werden, bildet das Blockchain-Netzwerk. Ein Node ist ein Computer, welcher mit dem Blockchain-Netzwerk verbunden ist und mittels einer entsprechenden Software (dem Client) Transaktionen des Blockchain-Netzwerks prüfen und übermitteln kann. Die Nodes erhalten eine Kopie der Blockchain, welche automatisch bei der Verbindung mit dem Blockchain-Netzwerk heruntergeladen und fortlaufend aktualisiert wird.

Für jeden Node besteht grundsätzlich die Chance, neue Bitcoins zu erhalten. Einige Nodes lösen hierzu kryptografische Aufgaben oder Rätsel. Diese Nodes werden als Miner bezeichnet. Dadurch wird spieltheoretisch zufällig bestimmt, welcher der Miner festlegt, ob und welche Transaktionen valide sind und der Blockchain durch einen neuen Block angehängt werden können. Hierbei erhält der Miner neue Bitcoins und alle Gebühren der validierten Transaktionen. Miner schließen sich regelmäßig zur Lösung der kryptografischen Aufgaben oder Rätsel zu sogenannten Mining-Pools zusammen. Allerdings bestimmt bei Mining-Pools nur der Betreiber, welche Transaktionen in den neuen Block aufgenommen werden und als valide gelten. Durch Mining-Pools haben einzelne Miner bessere Chancen, die kryptografischen Aufgaben oder Rätsel zu lösen. In diesem Fall werden die neuen Bitcoins und Transaktionsgebühren auf die am Mining-Pool beteiligten Miner verteilt.

Dezentralisierung

Die Blockchain-Technologie stellt eine dezentralisierte Technologie dar. Alles, was innerhalb des Blockchain-Netzwerks passiert, ist eine Funktion des gesamten Netzwerks. Durch die besondere Art der Verifikation von Transaktionen werden einige Aspekte traditionellen Handels, wie z.B. eine Kette vertrauenswürdiger Intermediäre, nicht benötigt. Durch das Zusammenwirken aller Netzknoten wird die gemeinsame Datenbank verwaltet, anstatt diese Aufgabe einer zentralen Instanz zu überlassen.

Sicherheit

Durch die Speicherung von Daten in der Blockchain werden Risiken, die sich aus der zentralen Datenhaltung ergeben, vermieden. Das Netzwerk hat insofern keine zentralen Schwachpunkte, die Angreifer ausnutzen könnten, um Daten zu verändern. Die Sicherheitsverfahren der Blockchain-Technologie nutzen insbesondere aktuelle asymmetrische Verschlüsselungstechnologien. Diese basieren auf sogenannten öffentlichen und privaten Schlüsseln. Ein öffentlicher Schlüssel (eine lange, zufällig generierte Zahlenreihe) stellt eine Nutzeradresse auf der Blockchain dar. Über das Netzwerk gesendete Transaktionen werden als zugehörig zu dieser Adresse gespeichert. Der private Schlüssel fungiert analog zu einem Passwort, das dem Inhaber Zugang zu seinen transferierten Werteinheiten ermöglicht. Gleichwohl ist es für Teilnehmer der Blockchain wichtig, ihre privaten Schlüssel zu sichern, so dass diese nicht in unberechtigte Hände fallen.

Transparenz und Unveränderlichkeit

Die Bitcoin-Blockchain wird automatisch etwa alle zehn Minuten zu einem Konsens aller Netzwerkteilnehmer gebracht und überprüft. Als ein sich selbst überprüfendes Ökosystem digitaler Werte stimmt das Bitcoin-Netzwerk jede Transaktion in diesen zehnminütigen Intervallen ab. Jede Gruppe dieser Transaktionen bezeichnet man als „Block". Daraus folgen zwei Eigenschaften:

Transparenz, da die Daten in einem Netzwerk als Ganzes eingebettet und damit öffentlich sind, und

Unveränderlichkeit, da eine rückwirkende Veränderung jeglicher Informationen nach der derzeitigen Erkenntnislage unmöglich erscheint.

Theoretisch wäre ein Angriff auf die Unveränderlichkeit einer Blockchain zwar möglich, praktisch er aber unwahrscheinlich, insbesondere da hierdurch z.B. die Stabilität der angegriffenen Währung als Ganzes in Frage gestellt würde. Dies würde vermutlich zu einem Verlust des Wertes aller Währungseinheiten führen, womit ein solcher Angriff nicht rentabel für den Angreifer wäre, da die dann unberechtigt erworbenen Währungseinheiten wertlos wären.

Konsensmechanismen

Konsensmechanismen beschreiben, auf welche Weise Teilnehmer von Blockchains eine Einigung über Transaktionen und den neuen Zustand der Blockchain finden. Je nach Art und Ausgestaltung der Blockchain kommen verschieden Konsensmechanismen zum Einsatz. Einzelne Konsensmechanismen sind unter anderem Proof-of-Work, Proof-of-Stake und Ripple Consensus.

Smart Contract

Smart Contracts ermöglichen die Abbildung einer vertraglichen Logik durch Computer-Algorithmen. Es handelt sich um programmierbare Verträge, die durch den Programmcode definiert werden und dann automatisch auf Blockchains ausgeführt und durchgesetzt werden können. Zu bestimmten Zeitpunkten überprüfen Smart Contracts automatisch zuvor festgelegte Bedingungen. Sie bestimmen also automatisch, ob z.B. eine Transaktion ausgeführt oder rückabgewickelt wird.

Smart Contracts ermöglichen es dadurch, Verträge direkt durchzusetzen. Das Ziel ist die Reduktion von Transaktionskosten und eine Erhöhung der Vertragssicherheit. Nur der programmierte

Code eines Smart Contracts entfaltet vertragliche Wirkung. Smart Contracts stellen eine Kontroll- oder Geschäftsregel innerhalb des technischen Protokolls dar. Beispielsweise könnte bei einem per Smart Contract geleasten Auto nur dann der Motor starten, wenn die Leasingrate eingegangen ist. Hierzu würde eine Abfrage der Blockchain genügen.

Smart Contracts ermöglichen ein hohen Grad an Unabhängigkeit, da die Beteiligten einer Vereinbarung sich nicht auf einen Intermediär verlassen müssen. Hierbei werden auch potenzielle Gefahren der Manipulation durch Dritte verringert, da die Durchführung automatisiert durch die Blockchain-Mechanismen verwaltet wird und nicht durch eine oder mehrere Instanzen, die Fehler begehen oder voreingenommen sein könnten. Smart Contracts ermöglichen auch eine Erhöhung der Abwicklungsgeschwindigkeit, da Softwarecode genutzt wird, um Aufgaben zu automatisieren. So können Geschäftsprozesse vereinfacht werden, wobei menschliche Fehler, Schnittstellen oder Medienbrüche minimiert werden.

Risiken von Smart Contracts ergeben sich insbesondere aus dem Fehlen einer zentralen Instanz, die bei beabsichtigtem oder unbeabsichtigtem Fehlverhalten korrigierend eingreifen könnte. Dies wurde insbesondere beim Fall des Crowdfundingprojektes „The DAO" im Juni 2016 deutlich: Dort wurden dem Projekt Kryptowährungseinheiten im Wert von etwa 50 Millionen US-Dollar entzogen, wegen eines zuvor weitgehend unbeachteten Programmteils im zentralen Smart Contract. Daneben können auch rechtliche Risiken durch Smart Contracts entstehen. Derzeit ist noch unklar, ob Entscheidungen, die der Programmcode trifft, auch von Gerichten als verbindlich anerkannt werden. Fraglich ist auch insgesamt, ob die Marktteilnehmer solch ein Verfahren akzeptieren werden, oder ob Gerichte nicht doch bei illegitimen oder ineffizienten Entscheidungen eingreifen können sollten. Außerdem stellt sich die Frage, inwiefern die in Programmcode niedergelegten Vertragsbedingungen für Verbraucher oder Privatanleger verständlich sind.

Unterschiedliche Arten von Blockchains: Public vs. Private

Unterschieden werden private/zentralisierte und öffentliche/dezentralisierte Blockchains.

Der Public-Blockchain-Ansatz

Im Zusammenhang mit der Blockchain-Technologie bedeutet Public, dass alle Netzwerknoten die gleichen Privilegien erhalten. Zugleich betreiben mehrere Netzwerkknoten die Blockchain bzw. den Ledger. Die bekanntesten Blockchains, beispielsweise Ethereum und Bitcoin, sind dezentralisiert und verteilt.

Öffentliche oder auch dezentralisierte Blockchains weisen jedem Teilnehmer grundsätzlich die gleichen Rechte zu. Hierbei kann jeder den Inhalt der Blockchains lesen, Transaktionen ausführen und sich an der Sicherung der Integrität beteiligen. Die Vorteile dieses Ansatzes sind eine hohe Sicherheit, geringe Kosten und die Vermeidung einer einzelnen potenziellen Fehlerstelle. Zu den Nachteilen zählen insbesondere eine eingeschränkte Skalierbarkeit und die Transparenz aller Transaktionen, die in Bezug auf den Datenschutz ungünstig ist. Die Teilnehmer verlassen sich zudem vollständig auf einen mathematischen Algorithmus.

Der Private-Blockchain-Ansatz

Bei privaten oder zentralisierten Blockchains existiert regelmäßig eine zentrale Instanz oder zumindest eine beschränkte Anzahl von Teilnehmern. Den angeschlossenen Netzknoten werden dann unterschiedliche Rechte zugewiesen, und nur eingeladene Teilnehmer können die Transaktionen sehen. Dies wird z.B. bei Corda von R3 CEV so umgesetzt. Zwei wesentliche Kritikpunkte der zentralisierten Blockchains sind das höhere Risiko von Manipulationen und die Abhängigkeit von einer zentralen Instanz.

Potenzielle Anwendungsfälle für Blockchain und deren Erlaubnispflicht in Deutschland

Die Blockchain-Technologie einzusetzen ist an sich nicht erlaubnispflichtig, weil es sich erst einmal um eine reine Technologie handelt. Diese bietet verschiedene Ausgestaltungsmöglichkeiten, und ihre Anwendung ist in verschiedenen Bereichen denkbar. Vielmehr hängt die aufsichtsrechtliche Beurteilung davon ab, wie die Technologie eingesetzt werden kann und welche Tätigkeit damit erbracht werden soll. Allgemein sollten bei der Beurteilung des Geschäftsmodells bzw. der Geschäftstätigkeit und der damit verbundenen Verwendung der Blockchain-Technologie folgende Fragestellungen eine Rolle spielen, um die Erlaubnispflicht zu beurteilen:

Welche Bereiche bzw. welche Finanzinstrumente sollen durch die Geschäftstätigkeit abgedeckt werden?
Können die regulatorischen Anforderungen an die beabsichtigte Geschäftstätigkeit überhaupt

durch den Einsatz der Blockchain-Technologie erfüllt werden?

Unterliegt die Geschäftstätigkeit den gesetzlichen Bestimmungen zur Verhinderung von Geldwäsche, Terrorismusfinanzierung und sonstigen Straftaten?

Aufgrund der vielfältigen Anwendungsmöglichkeiten der Blockchain-Technologie ist eine pauschale Indikation einer Erlaubnispflicht schwierig und nicht zweckmäßig. Im folgenden Abschnitt werden — beispielhaft und nicht abschließend — einige potentielle Anwendungsfälle für die Blockchain-Technologie dargestellt.

Für eine umfassende Beurteilung der Blockchain-Technologie und deren potentiellen Anwendungsfällen ist es außerdem zu früh, weil sich beide schnell weiterentwickeln.

Zahlungsverkehr

Internationale Überweisungen mit der Blockchain-Technologie durchzuführen, könnte Zahlungen in nahezu Echtzeit ermöglichen und die Transaktionskosten reduzieren. Sie könnte im klassischen Zahlungsverkehr wie auch bei neuen alternativen Bezahlverfahren angewendet werden. Dabei könnte der Anbieter der Zahlungsdienste sein Hauptkonto auf Basis der Blockchain-Technologie betreiben, um die Geldbeträge weiterzuverarbeiten, die deren Nutzer versenden. Die Zahlungen können dabei z.B. über das Internet übertragen werden, nachdem die Beträge berührungslos oder gestützt auf einen maschinell lesbaren Code vor Ort erfasst wurden, etwa durch eine Smartphone-App.

Grundsätzlich könnte die Blockchain-Technologie, nicht nur im Zahlungsverkehr, zu einer unmittelbareren Interaktion der Teilnehmer führen, die die Rolle bestehender Intermediäre in Frage stellt (Disintermediation).

Versicherungswesen

Schaden- und Unfallversicherer könnten die Blockchain-Technologie nutzen, um ihr Schadensmanagement zu unterstützen. Dabei könnten sie ihre Prozesse unter anderem durch Smart Contracts automatisieren, die Geschäftsprozesse zur Beurteilung von Versicherungsfällen digitalisieren und potenziell das Risiko von Versicherungsbetrug verringern.

Die Unternehmen könnten Versicherungsfälle automatisiert bearbeiten, indem sie Datenquellen von Dritten direkt einbinden und Versicherungs-bedingungen direkt im Programmcode der Smart Contracts hinterlegen. Die Geschäftsprozesse mittels Blockchain-Technologie zu digitalisieren, könnte unter anderem dazu beitragen, die Betriebskosten zu reduzieren.

Fraglich ist, ob alle technischen Möglichkeiten mit den bestehenden aufsichtlichen und datenschutzrechtlichen Regularien vereinbar sind. Hierbei könnten zukünftige verbindliche Standards für relevante Schadensfalldaten festgelegt werden, um einen geeigneten rechtlichen und regulatorischen Rahmen zu schaffen.

Post-Trade

Unter Post-Trade werden die Tätigkeiten des Nachhandelssegments verstanden, die im Anschluss an ein Handelsgeschäft mit einem Wertpapier oder Finanzinstrument erfolgen. Dies umfasst zum Beispiel das Clearing, Settlement, Custody & Asset Servicing und notarielle Dienstleistungen. Die Erbringung von Post-Trade-Dienstleistungen unterliegt in den meisten Bereichen und insbesondere für bestimmte Finanzinstrumente gesetzlichen Bestimmungen und Anforderungen. Diese werden nachfolgend für den jeweiligen Bereich zusammenfassend dargestellt.

Insbesondere beim Clearing und Settlement müssen geldwäscherechtliche Vorgaben zur Verhinderung von Geldwäsche, Terrorismusfinanzierung und sonstigen Straftaten eingehalten werden. So müssen Prozesse vorhanden sein, um die Teilnehmer bzw. Kunden zu identifizieren. Diese Legitimitätsprüfung wird auch als Know Your Customer (KYC) bezeichnet.

Clearing

Clearing ist der erste Prozessschritt nach dem Handelsgeschäft. Er umfasst alle Tätigkeiten, die für eine erfolgreiche Abwicklung des Handelsgeschäfts notwendig sind. Das Clearing kann dabei entweder über zentrale Gegenparteien (central counterparties – CCPs) oder direkt zwischen Käufer und Verkäufer erfolgen. Im Falle des Clearings durch eine zentrale Gegenpartei tritt diese als gemeinsamer Vertragspartner zwischen den Käufer und Verkäufer des Handelsgeschäfts.

Auch bei Verwendung der Blockchain-Technologie darf beim Clearing, aufgrund der gesetzlichen Bestimmungen, grundsätzlich nur eine zugelassene zentrale Gegenpartei zum Einsatz kommen. Ob beim Clearing eine dezentrale Blockchain eingesetzt werden darf, erscheint zumindest fraglich. Die relevanten regulatorischen und gesetzlichen Bestimmungen sind jedoch grundsätzlich technologieneutral. Daraus ergibt sich, dass CCPs IT-Systeme und Anwendungen einsetzen müssen, die die Anforderungen gemäß Artikel 26 Absatz 3 und 6 der European Market Infrastructure Regulation (EMIR) erfüllen.

Unternehmen, die die Blockchain-Technologie wie auch andere IT-spezifische Lösungen einsetzen, sind grundsätzlich Cyberrisken ausgesetzt. Daher sehen die Bestimmungen in Artikel 34 der EMIR auch spezielle Anforderungen an die Fortführung des Geschäftsbetriebs vor. Sie sollen gewährleisten, dass die Funktionen der zentralen Gegenpartei aufrechterhalten werden.

Settlement

Das Settlement ist der Prozessschritt nach dem Clearing. Es umfasst die Lieferung des Wertpapiers bzw. Finanzinstruments an den Käufer und die gleichzeitige Zahlung des Kaufpreises an den Verkäufer gemäß dem zugrundeliegenden Handelsgeschäft.

Die Blockchain-Technologie darf im Bereich Settlement aufgrund der gesetzlichen Bestimmungen grundsätzlich nur ein zugelassener Zentralverwahrer einsetzen. Ob beim Settlement eine dezentrale Blockchain eingesetzt werden darf, ist zumindest fraglich. Die relevanten regulatorischen und gesetzlichen Bestimmungen sind jedoch grundsätzlich technologieneutral. Hieraus ergibt sich, dass eingesetzte IT-Systeme und Anwendungen insbesondere die Anforderungen gemäß Artikel 45 Absatz 1 und 2 der Zentralverwahrerverordnung (Central Securities Depositories Regulation − CSDR) erfüllen müssen. Außerdem müssen sie zu bestehenden Systemen kompatibel sein.

Custody & Asset Servicing

Für das Custody & Asset Servicing und dessen Kerndienstleistungen gelten grundsätzlich die gleichen Zulassungspflichten und aufsichtsrechtlichen Anforderungen an Zentralverwahrer nach der CSDR, die unter Settlement dargestellt wurden. Das gilt auch für die dazugehörigen nichtbankartigen Nebendienstleistungen gemäß Abschnitt A und B des Anhangs zur CSDR.

Wertpapierhandel

Im Vergleich zu den einzelnen Segmenten und Funktionen des Post-Tradings würde ein möglicher Einsatz der Blockchain-Technologie im

Wertpapierhandel das System wahrscheinlich komplexer machen. Der Grund ist, dass nicht nur die digitalen Handelsgeschäfte im „Hauptkontenbuch" digital erfasst werden müssen. Gleichzeitig müsste auch ein automatisierter Mechanismus implementiert sein, der die Kauf- und Verkaufsinteressenten durch eine fortlaufende Preisbildung zusammenführt und somit bei einem jeweils vereinbarten Preis das Handelsgeschäft ausführt.

Organisationsverwaltungen

Die zuvor beschriebenen Einsatzmöglichkeiten könnten auch für die unternehmensinterne Organisation eine Rolle spielen. Im Zuge der Digitalisierung könnten in allen Geschäftsbereichen unternehmensinterne Blockchain-Technologien genutzt werden, in denen zentrale Register, Konten oder Datenbanken relevant sind. Dies können beispielsweise Register für Aktien, Bonds, Derivate, Kredite oder Versicherungen sein.

Alternativ könnte auch eine Vielzahl oder ein Verbund von Unternehmen in einzelnen Bereichen Blockchain-Technologien nutzen, um für alle Beteiligten relevante Informationen zur Verfügung zu stellen. Mögliche Anwendungsfälle sind die Vergabe von Konsortialkrediten oder die Verwaltung von Geschäftsvorfällen.

Grundsätzlich könnte auch ein Dienstleister diese Blockchain-Technologien zur Verfügung stellen. Falls er diese Dienstleistungen über Auslagerungsverträge erbringt, sollte im Vorfeld überprüft werden, ob die Geschäftstätigkeit bzw. die Dienstleistungen des Unternehmens gesetzlichen Bestimmungen hinsichtlich der Auslagerung unterliegen.

Dezentrale autonome Organisationen (DAO) sind ein weitergehender Ansatz zur Organisationsverwaltung. Sie waren ursprünglich als Experiment gedacht, das sich verhältnismäßig erfolgreich entwickelt hat. Die Idee einer DAO ist, geschäftliche Entscheidungen im Kollektiv zu treffen und die klassische Top-Management-Ebene einzusparen.

Allerdings wurde der Organisation „The DAO" in einem Fall im Juni 2016 bei einem Vorfall ein Teil des eingezahlten Startkapitals entwendet, umgerechnet etwa 50 Millionen US-Dollar. Nur durch einen so genannten Hard Fork konnte dies rückgängig gemacht werden. Dem dafür erforderlichen Eingriff in die Datenstruktur musste die Mehrheit der angeschlossenen Rechnerknoten zustimmen. Dieser Vorfall stellte die Verlässlichkeit und die Aussagekraft von Transaktionen oder

Kontoständen in Frage, die auf der Blockchain-Technologie basieren.

Rahmenbedingungen beim Einsatz von Blockchains

Die Blockchain-Technologie könnte neue Ansätze für bankfachliche Geschäftsprozesse ermöglichen. Die verschiedenen grundlegenden Betriebsabläufe einer Bank erfordern es, getrennte Bücher unterschiedlicher Bereiche intensiv abzustimmen. Die Blockchain-Technologie könnte diesen Prozess vereinfachen, indem sie dabei hilft, Unstimmigkeiten zu reduzieren. Problematisch sind Blockchains bei technischen Umstrukturierungen, da das einmal festgelegte Protokoll nur schwierig zu ändern ist. Daneben ist die Verarbeitungsgeschwindigkeit derzeit noch verhältnismäßig langsam, und Blockchains haben normalerweise im Laufe der Zeit einen stetig wachsenden Speicherbedarf. Jedoch scheinen sich auch für diese Beschränkungen Lösungen abzuzeichnen. Die weitere Entwicklung wird zeigen inwiefern diese Herausforderungen zukünftig bewältigt werden können.

Technische Risiken

Ebenso wie andere Innovationen birgt auch der Einsatz der Blockchain-Technologie Risiken.

Die Rahmenbedingungen sind häufig geprägt von einer verhältnismäßig langsamen Abwicklungsgeschwindigkeit, geringen Abwicklungsvolumina, einer komplexen Technik und starker Abhängigkeit von den eingesetzten kryptografischen Verfahren. Eventuell wirkt auch eine Entwicklercommunity mit, die nur schwer oder gar nicht für eventuelle Schäden haftbar gemacht werden könnte.

Die Blockchain-Technologie selbst könnte einer technischen Umstrukturierung unterliegen und beispielsweise durch bestimmte Weiterentwicklungen Inkompatibilitäten mit bestehenden Implementierungen nach sich ziehen. Daneben ist ein latentes Risiko durch Hard Forks gegeben, wenn beispielsweise die Mehrheit der Netzknoten dies mitträgt und somit eigentlich bestehende Vereinbarungen im Sinne von „Code is the law" in Frage gestellt werden. Darüber hinaus sind Blockchains verhältnismäßig schwierig zu skalieren, insbesondere wenn die Verarbeitungsgeschwindigkeit erhöht werden soll.

Regulatorische, aufsichtliche und juristische Risiken

Grundsätzlich funktionieren Blockchain-Implementierungen ohne die Grenzen von Nationalstaaten. Dies ist besonders bei Public-

Blockchain-Implementierungen deutlich. Beispielsweise können sich zwei Transaktionsbeteiligte in unterschiedlichen Jurisdiktionen befinden. So könnte es dann, bei sich widersprechenden juristischen Regelwerken, Unklarheiten geben welches Regelwerk im Zweifel anzuwenden ist.

Daneben ist bislang ungeklärt welchen juristischen Stellenwert eine Blockchain Transaktion überhaupt hat. Gleiches gilt für die rechtliche Bedeutung von Smart Contracts. Die Beantwortung dieser Grundsatzfragen bringt natürlich zum derzeitigen Zeitpunkt noch einen gewissen Risikofaktor. Bei Private-Blockchain-Implementierungen wäre es potentiell leichter diese Unsicherheiten zu beseitigen, da die Teilnahme an die Akzeptanz bestimmter rechtlicher Regeln gebunden ist.

Allerdings gilt auch bei Einsatz von Blockchain-Technologien der bestehende regulatorische Rahmen im Zuständigkeitsbereich der BaFin, sofern die Beteiligten Parteien dem Aufsichtsbereich der BaFin unterliegen. Es findet insofern keine Beschränkung der Blockchain-Technologie statt, da ausschließlich die aufsichtlichen Tatbestände der Anknüpfungspunkt für die Aufsichtsarbeit der BaFin bildet. Nicht die Technik ist somit für regulatorische Fragen entscheidend, sondern der Anwendungsfall. Anwendungsschwierigkeiten des Aufsichtsrechts ergäben sich lediglich dann, wenn mangels zentraler Instanz dessen Durchsetzbarkeit mangels Adressaten erschwert oder unmöglich würde.

Wirtschaftliche Risiken

Grundsätzlich fehlt bei Blockchains eine Möglichkeit, einmal ausgeführte Transaktionen rückgängig zu machen. Die Bestätigung von Transaktionen durch eine Blockchain kann verhältnismäßig viel Zeit in Anspruch nehmen und die Teilnehmer warten – im Vergleich zu manch etabliertem Verfahren – verhältnismäßig lange, bis Transaktionen final bestätigt wurden. Blockchains mit einem Proof-of-Work-Konsensmechanismus können außerdem verhältnismäßig kostenintensiv in der Wartung und ressourcenintensiv im Betrieb sein.

Nicht zuletzt ist unklar, inwiefern sich die Akzeptanz der Marktteilnehmer gegenüber Blockchains entwickeln wird.

Möglichkeiten zukünftiger Entwicklung

Grundsätzlich hat die Aufsicht die Blockchain-Technologie als einen Technologietreiber erkannt, der potenziell umfangreiche Änderungen in der Finanzdienstleistungsbranche auslösen könnte. Daher verfolgen Aufsichtsbehörden wie die BaFin ebenso wie der Gesetzgeber ihre Entwicklung sehr aufmerksam.

Nach derzeitiger Einschätzung liegt bei den Unternehmen, die die BaFin beaufsichtigt, das Wertschöpfungspotenzial von Blockchains zukünftig in den folgenden Bereichen, wobei diese Aufzählung weder vollständig noch abschließend ist:

Vereinfachung und Automatisierung bisher manueller Geschäftsprozesse,

Effizienzsteigerung der Regulierung durch nahezu Echtzeitüberwachung der Finanzmarktteilnehmer,

Reduktion des Ausfallrisikos von Gegenparteien, da Verträge in einem sichereren und automatisierten Umfeld ausgeführt werden, Minimierung von Betrugsmöglichkeiten.

Für die Deutsche Bank ist Blockchain "eine der ersten wirklich disruptiven Ideen aus dem Fintech-Bereich". Die spanische Großbank Santander rechnet mit einem Sparpotenzial von bis zu 20 Milliarden Dollar pro Jahr und hat in ihrem Innovationslabor angeblich schon 20 bis 25 Anwendungsfälle gesammelt, wie sie die neue Technik nutzen könnte.

Etliche Startups schmücken sich mit dem Begriff "Blockchain". Sogar die Ur-Finanzmagierin Blythe Masters macht jetzt wieder Furore - mit einem Blockchain-Startup. Die Firma R3 hat inzwischen 42 internationale Großbanken als Geldgeber versammelt, also fast alle von Rang und Namen. Unter Chain.com haben sich die Technologiebörse Nasdaq Börsen-Chart zeigen, die Kreditkartenfirma Visa Börsen-Chart zeigen und die Citigroup Börsen-Chart zeigen zusammengeschlossen.

Blockchain, Blockchain, Blockchain. Aber worin genau die Idee besteht, die laut Deutscher Bank einen "Paradigmenwechsel im vorherrschenden Finanzsystem" bringen und "einzelne Geschäftsbereiche traditioneller Banken künftig überflüssig" machen könnte, ist schon schwieriger zu beschreiben.

Ein zentrales Register wird überflüssig

Er habe etliche Experten befragt und "keine zwei gleichen Antworten bekommen", schreibt Tony Arcieri in seinem Blog. Arcieri arbeitet immerhin im Sicherheitsteam von Square, einem der führenden Anbieter für mobiles Bezahlen, sitzt also an einer Schlüsselstelle für die Technik der Geldwelt von morgen. Man könnte ihn selbst als Blockchain-Experten heranziehen.

Grob gesagt, beschreibt Blockchain die Struktur der Datenbank hinter der digitalen Alternativwährung Bitcoin: Alle Bitcoin-Transaktionen werden auf allen beteiligten Rechnern gespeichert, in Blocks zusammengefasst, die jeweils mit sämtlichen vorangegangenen Transaktionen verkettet sind (Kette = chain).

Ein zentrales Register wie in einer Bank oder einer Börse (oder einer staatlichen Behörde) entfällt damit. Das Netz der Teilnehmer übernimmt die Kontrolle darüber, dass eine Zahlung echt ist, Geld den Besitzer wechselt und der Zahler tatsächlich über dieses Geld verfügte. Alle wissen alles (nur die Namen der Teilnehmer werden anonymisiert). Das dezentrale Wissen macht Fälschungen zwar nicht unmöglich, aber hinreichend kompliziert.

Eine Transaktion verbraucht so viel Strom wie eine US-Familie pro Tag

Diese Eigenschaften könne man sich auch jenseits der etwas obskuren Bitcoin-Welt zu nutze machen, frohlocken jetzt die Blockchain-Enthusiasten. Manche wollen smarte Verträge einführen, die automatisch und unbestreitbar das Einhalten der Vertragsbedingungen überwachen, fälschungssichere Wahlen organisieren oder wie das Projekt Ethereum gleich die ganze Struktur des Internets neu aufsetzen.

Tony Arcieri allerdings hält die Bitcoin-Blockchain für ungeeignet, all dies zu leisten. Er listet eine Reihe technischer Probleme auf. Kleine Kostprobe: "Die Datenbank verbraucht für eine Transaktion die gleiche Menge Elektrizität, die einen amerikanischen Durchschnittshaushalt für einen Tag versorgen könnte." Und "sie unterstützt nur drei Transaktionen pro Sekunde und braucht mehr als zehn Minuten, um sie zu bestätigen".

Bereits jetzt habe Bitcoin, das erst ein Zehntel-Promille des Zahlungsvolumens von Visa abwickelt, Kapazitätsprobleme, weil mit der wachsenden Blockchain ein immer größerer Rechenaufwand mitgeschleppt wird. Die Wunderwelt der digitalen Finanzen stößt - wie auch im Fall der Hochfrequenzbörsen - an physische Grenzen.

Deutsche Bank: "Angriff ist wahrscheinlich die beste Verteidigung"

Auch die Deutsche Bank, die sich noch mit Problemen einer jahrzehntealten IT-Infrastruktur herumplagt, hat das erkannt. Interne Experimente - bekannt wurde etwa die Entwicklung einer automatisierten Anleihe - laufen zwar unter dem Label "Blockchain". Einige der Vorteile des Systems will man übernehmen, "Angriff ist wahrscheinlich die beste Verteidigung" heißt die Parole.

Letztlich setzt der Konzern aber auf die althergebrachten eigenen Stärken. Die Forschungsabteilung der Bank empfiehlt ein "neues, modernes Clearing-System", an dem nur Banken teilnehmen, die sich untereinander mehr vertrauen als ein anonymes Massennetzwerk. Das wäre "wahrscheinlich sogar noch kostengünstiger und effizienter als die Blockchain, weil der energiehungrige 'Proof of Work'-Prozess wegfallen würde".

Aber solange das Mode-Schlagwort "Blockchain" fällt, genießen Bank-IT-Projekte die Aufmerksamkeit von Vorständen und Investoren. Diesen Vorteil räumt auch Blockchain-Nörgler Arcieri ein

Unternehmen entdecken Blockchain, Banken zögern

In vielen Unternehmen werden derzeit Jobs im Bereich der Blockchain-Technologie geschaffen.

Die Entwicklung der Blockchain-Technologie schafft nun auch langsam einen eigenen Arbeitsmarkt: In den ersten vier Monaten dieses Jahres wurden bereits 42 Prozent mehr Jobs mit Blockchain-Bezug ausgeschrieben als im gesamten Jahr 2016. Besonders affin sind die IT- und Kommunikationsbranche, die Forschung sowie die Automobil- und Energiebranchen. Auffallend: Obwohl sich im Bereich der FinTechs viel tut, ist die Bankenbranche noch zögerlich.

Wie die Metajobsuchmaschine Joblift ermittelte, wurden 2017 bereits fast doppelt so viele Blockchain-Stellen geschaffen wie im gesamten Jahr 2016. Allerdings scheint das Berufsbild noch nicht geschärft zu sein: Zumeist setzen die ausschreibenden Unternehmen ein lediglich grundlegendes Verständnis der Blockchain und Kryptographie voraus. Dies weist darauf hin, dass – aufgrund der Neuartigkeit der Technologie – eine Tätigkeit im Blockchain-Umfeld auch ohne tiefgehende Fachkenntnisse möglich ist. Diese können im Rahmen des Jobs erlernt werden, gesetzt den Fall, dass allgemeine IT-Kenntnisse, etwa in der Programmierung, vorhanden sind.

In den vergangenen zwölf Monaten wurden insgesamt 80 ausgewiesene Blockchain-Experten gesucht. Obwohl die Nachfrage zunächst gering erscheint, erlebte diese einen rasanten Anstieg: Alleine 59 Prozent der untersuchten Stellen wurden in den ersten vier Monaten dieses Jahres ausgeschrieben, 42 Prozent mehr als im gesamten Jahr 2016. Die meisten Stellen, 29, richteten sich dabei an Entwickler, gefolgt von Beratern (acht Anzeigen) und wissenschaftlichen Mitarbeitern (sieben Ausschreibungen). Die Informations- und Kommunikationstechnologie stellte sich darüber hinaus als Branche mit dem stärksten Bedarf heraus: Ihr ist ein Viertel aller geschalteten Jobs zuzuschreiben. Dem folgt die Automobilbranche mit neun Vakanzen, Forschungseinrichtungen schrieben acht Stellen aus, der Energiesektor sechs, Beratungsunternehmen sowie die Transportbranche jeweils fünf. Die Finanzindustrie, die durch die Verwendung von virtuellen Währungen wie Bitcoin das stärkste Anwendungsfeld für die zugrundeliegende Blockchain-Technologie bietet, veröffentlichte erstaunlicherweise keine Anzeigen. Dies lässt vermuten, dass die Finanzwelt aktuell eher auf externe IT-Dienstleistern zurückgreift oder das Potenzial der Blockchain zwar erkennt, jedoch personell noch nicht abbildet.

Knapp 40 Prozent der Ausschreibungen fordern Wissen über die Blockchain – geben sich jedoch zumeist mit Grundkenntnissen zufrieden.

Doch welche Voraussetzungen sollten diese Blockchain-Experten den Stellenanzeigen zufolge erfüllen?

Ein klares Anforderungsprofil ergibt sich aus den Ausschreibungen, die mehr als 50 verschiedene Fachqualifikationen listen, nicht. Die wichtigste Zugangsvoraussetzung bildet dabei das Beherrschen der englischen Sprache (38 Nennungen). Dem folgen Kenntnisse der Blockchain (31-mal erwähnt), meist reicht jedoch ein grundsätzliches Verständnis der Technologie. Ähnlich verhält es sich mit Kryptographie: 25 Stellenanzeigen fordern ein grundlegendes Wissen über Verschlüsselungstechniken. Auch Programmierkompetenzen (17-mal aufgeführt) sind für einen Blockchain-Job förderlich – die beliebtesten Sprachen bilden dabei Java mit 16, JavaScript mit sieben sowie Python mit fünf Nennungen. Erfahrungen mit agilen Entwicklungsmethoden wie Scrum finden zwölfmal Erwähnung. Was den gewünschten Abschluss angeht, so eröffnet ein Studium der Informatik (34 Nennungen), der Wirtschaftsinformatik oder der Wirtschaftswissenschaften (je zehnmal erwähnt) die besten Chancen.

Mehr als ein Drittel der Anzeigen unterstreicht die Notwendigkeit von Teamfähigkeit Mehr Einigkeit besteht bei den Persönlichkeitsmerkmalen: Insgesamt lassen sich lediglich zwölf Eigenschaften identifizieren, allen voran Teamfähigkeit – 29 Anzeigen heben diese positiv hervor. Ausgeprägte Kommunikationsfähigkeiten (23 Nennungen), Selbständigkeit (20- mal erwähnt), eine hohe Motivation sowie Lernbereitschaft (je zehnmal angeführt) zählen ebenfalls zu den häufigsten Anforderungen. Darüber hinaus scheint eine strukturierte Arbeitsweise besonders gefragt zu sein (neunmal genannt).

Joblift ist eine Metasuchmaschine für aktuell mehr als 1.000.000 Jobs aus über 100 Partnerjobbörsen. Ein klarer User-Fokus sowie eine ausgereifte Technologie stehen im Zentrum der Produktentwicklung. Gegründet wurde das Unternehmen 2015 von Lukas Erlebach und Malte Widenka. An den beiden Standorten Hamburg und Berlin beschäftigt Joblift zurzeit ein Team von rund 40 Mitarbeitern.

Digitale Währungen verändern das Geld-System. Ob es allerdings zum Bessern gelingt ist offen.

Überall auf der Welt gibt es Projekte, die Kryptowährungen außerhalb des Systems der Zentralbanken etablieren wollen. Der Siegeszug des „smart money" scheint nicht aufzuhalten zu sein. Offen ist allerdings die Frage, ob die Währung völlig frei und damit auch unabhängig von der Geldpolitik der Zentralbanken ist. Offen ist ebenso, ob es den Zentralbanken überhaupt gelingt, das neue Geldsystem zu kontrollieren. Der Reiz der „Blockchain"-Technologie besteht ja gerade darin, dass die Nutzer die Kontrolle behalten, indem sie die Verantwortung für die neue Währung untereinander aufteilen.

Ein Selbstläufer ist der Prozess allerdings nicht: Wie wir zuletzt beim Netzwerkdurchsetzungsgesetz und bei der Erlaubnis des Einsatzes von Staatstrojanern gesehen haben, haben die Regierungen keine Hemmungen, sich selbst den Zugriff zu verschaffen. Während Unternehmen vor allem in der EU immer stärkeren Einschränkungen unterworfen werden, kennen Regierungen, Behörden und Geheimdienste keinen Datenschutz.

Bundeskanzlerin Angela Merkel hat das Internet erst kürzlich als „Neuland" bezeichnet. Viele wollen dieses Neuland erobern. Nicht alle verfolgen dabei redliche Absichten.

Weiter Publikationen:

Bestseller

Krypto-Währungen und Block Chain Kapitalisten durch Code ersetzen. Die elegante Form der(...)

Neu

Block Chain and Digital Currency Investors Directory Special Edition: Block chain and Digital Currency Investors

Neu

Block Chain and Digital Currency Investors Directory II Special Edition: Block chain and Digital Currency Investors